Frag doch mal ... die Maus!

Prof. Roland Rosenstock

FRAG doch mal …

Fragen zu Gott, der Welt und den großen Religionen

Mit Illustrationen von
Antje von Stemm

cbj

cbj ist der Kinder- und Jugendbuchverlag
in der Verlagsgruppe Random House

*Unser ganz besonderer Dank gilt der Redaktion der »Sendung mit der Maus«
und der WDR mediagroup licensing GmbH
für die Sichtung und Bereitstellung des Fragenmaterials.*

FSC
Mix
Produktgruppe aus vorbildlich bewirtschafteten Wäldern und anderen kontrollierten Herkünften
Zert.-Nr. SGS-COC-001425
www.fsc.org
© 1996 Forest Stewardship Council

Verlagsgruppe Random House FSC-DEU-0100
Das für dieses Buch verwendete FSC-zertifizierte Papier
Eurobulk von Biberist liefert Papier Union.

Gesetzt nach den Regeln der Rechtschreibreform

4. Auflage

Design des »Frag doch mal ...«-Logos: Udo Schöbel
Innenillustrationen: Antje von Stemm,
vermittelt durch die Agentur Susanne Koppe, Hamburg
Lektorat: Anette Weiß
Bildredaktion: Tanja Nerger
Umschlagkonzeption: schwecke.mueller Werbeagentur GmbH, München
AR · Herstellung: WM
Layout und Satz: Sabine Hüttenkofer und Lea Scheiter, Großdingharting
Reproduktion: Wilhelm Vornehm PRE MEDIA, München
Druck: Mohn Media, Gütersloh
ISBN 978-3-570-13132-9
Printed in Germany

www.cbj-verlag.de

Inhalt

Wie sieht Gott aus?

In einem alten Kinderbuch sitzt Gott mitten in einer Schar von Engeln, die gerade Weihnachtskekse backen, in einer himmlischen Bäckerei zwischen den Wolken. Gott sieht hier sehr freundlich aus, hat einen langen Bart und ein langes weißes Gewand an, wie ein lieber, alter Großvater im Nachthemd.

Ihr habt euch bestimmt auch schon gefragt, wie Gott aussieht. Früher dachte man, Gott wohne auf einem hohen Berg, also ist man hinaufgeklettert, um ihn zu sehen. Oder Gott sei die Sonne, aber die ging jeden Abend wieder unter. Noch niemand hat Gott wirklich gesehen. Das ist auch nicht möglich, weil Gott unsichtbar ist.

Im Judentum, im Christentum und im Islam gibt es eine einfache Regel, wie man sich Gott vorstellen soll: am besten gar nicht! Alle Bilder von ihm haben eine Grenze, weil Gott ganz anders ist, als sich die Menschen ihn vorstellen. Deshalb gilt die Regel: Du brauchst dir kein Bild von Gott zu machen. Gott ist einfach Gott. In der Bibel wird der Name Gott erklärt mit: »Ich bin, der ich bin«. Gott ist Gott, also nicht so wie ein Mensch oder ein Tier oder irgendetwas, das es auf der Welt oder im Universum gibt.

In der Bibel findet ihr aber Worte, die beschreiben, wie Gott ist. Wer zu Gott betet, braucht auch solche Worte, damit er sich jemanden vorstellen kann, der ihm zuhört. Das hat nichts mit seinem Aussehen zu tun, sondern mit der Art und Weise, wie Gott sein könnte. ***Wie wird von Gott in der Bibel gesprochen?*** Gott erscheint dort wie ein **Befreier,** der unterdrückte Menschen aus der Knechtschaft geführt hat; wie ein **Hirte,** der sich um ein verirrtes Schaf kümmert; wie das **Licht,** das in der Finsternis scheint; wie ein guter **Freund,** der sein eigenes Leben aufs Spiel setzt; wie ein **König,** der durch die

Stadttore einzieht; wie eine **Feuersäule,** die in der Nacht den richtigen Weg zeigt; wie ein **Weingärtner,** der seine Reben pflegt. Er wird auch wie ein **Ehemann** beschrieben, der eifersüchtig ist; wie eine **Mutter,** die ein Kind zur Welt bringt; wie eine **Hebamme,** die Säuglinge versorgt; wie eine **Henne,** die ihre Küken unter den Flügeln sammelt und wie ein stilles, sanftes **Wehen des Windes.** All diese Bilder sind Versuche, Worte zu finden, mit denen man über Gott sprechen kann.

Warum kann man Gott nicht einfach sehen? Das hat mit dem Unterschied zwischen Gott und Mensch zu tun. Der Mensch wird am Beginn der Bibel Adam genannt. Der Name stammt von dem hebräischen Wort »Adamah« ab, was eigentlich »Erdboden« meint. Der Ort des Menschen ist die Erde und er lebt in einem Körper, als Frau oder als Mann. Mit Flugzeugen und Raketen kann er zwar die Erde verlassen, aber er muss immer wieder hierher zurückkehren.

Bei Gott ist das anders: Er ist nicht an die Erde oder einen Körper gebunden. Gott hat keine Form, die ihn begrenzt, deshalb ist er auch nicht sichtbar. Aber das kann sich kein Mensch wirklich vorstellen. So wie ein Floh nicht beschreiben kann, wie ein Elefant aussieht, gibt es auch für den menschlichen Verstand Grenzen. Für einen Floh ist der Elefant so riesig, dass er nur das kleine Stück Haut sieht, in das er gerade pikt. Auch Gott ist ganz anders, als wir ihn uns vorstellen können.

Und das hat mit einem weiteren Unterschied zu tun: Alles, was es auf der Erde oder im Universum gibt, ist einmal erschaffen worden, hat einen Anfang und irgendwann auch ein Ende. Gott wurde nicht erschaffen, hat keinen Anfang und auch kein Ende, deshalb wird Gott auch Schöpfer genannt, und der Mensch oder die Tiere Geschöpfe. Er ist auch nicht an Zeit oder Raum gebunden, kann überall in der Welt zugleich sein oder sich ganz aus der Welt zurückziehen. Wenn Gott überall zugleich ist, dann wohnt er auch nicht über den Wolken. Denn das Wort »Himmel« hat zwei Bedeutungen: Es kann den Himmel bezeichnen, den wir sehen, mit Wolken und Sternen. Und der Himmel kann auch überall dort sein, wo Gott ist.

Nehmen wir nun die Vorstellung vom alten Mann mit Bart, der mit den Engeln über den Wolken wohnt. Manche Kinder stellen sich Gott so vor, weil die Erwachsenen ihnen die Bilder aus den alten Kinderbüchern zeigen. Andere sehen in Gott eher einen Zauberer wie **Harry Potter** oder **Gandalf** aus »Der Herr der Ringe«, weil diese Zauberer die Gesetze der Natur überwinden können.

Aber Gott ist kein alter Mann und auch kein Zauberer. Gott ist überhaupt kein Mann. Das würde Gott zu sehr begrenzen. Gott ist auch keine Frau oder ein Ding wie ein Berg oder ein Computer. Dann wäre Gott ja wieder begrenzt und sichtbar.

Aber da gibt es noch etwas anderes, was uns das Reden über Gott so schwer macht. Wenn wir über Gott sprechen, stoßen wir an die Grenzen unserer Sprache. Das merkt ihr auch in diesem Buch. Wir haben in der deutschen Sprache nur drei Möglichkeiten, von Gott zu sprechen. Das Deutsche kennt nur **Er, Sie** oder **Es** und dazu die Artikel **der, die** und **das.** Alles, was wir in unserer Sprache beschreiben, ist männlich, weiblich oder sächlich. Deshalb wird in der deutschen Übersetzung der Bibel Gott auch als Herr bezeichnet. Aber ihr habt oben gelesen, dass Gott auch mit einer Mutter verglichen wird, die ein Kind geboren hat. Oder mit einer Naturerscheinung, einem Wind oder einer Feuersäule. Ob männlich oder weiblich, das hat also nichts mit dem Geschlecht Gottes zu tun, sondern mit der Grenze unserer Sprache und mit den Übersetzungen, die wir von der Bibel haben.

In der hebräischen Bibel und auch im arabischen Koran ist das anders. Dort wird von Gott nur als Gott gesprochen. Jahwe, so heißt Gott in der jüdischen Religion, und Allah, so wird Gott im Islam genannt, haben kein Geschlecht. Wenn Gott angeredet wird, dann benutzen die Juden und die Muslime einfach das Wort Gott.

Es gibt aber eine Stelle in der Bibel, die doch etwas über Gottes Aussehen verrät. Zu Beginn der Bibel heißt es, dass Gott den Menschen nach seinem **Bilde** erschaffen

hat. Der Mensch ist also selbst ein **Abbild** von Gott. ***Wie ist das zu verstehen?*** Ein Abbild Gottes zu sein bedeutet, dass jeder Mensch einzigartig ist, so wie es auch nur einen einzigen Gott gibt. Es heißt auch, dass es in jedem Menschen einen Ort gibt, in dem Gott wohnt. Dieser Ort wird **Seele** genannt; in ihr spüren wir, dass Gott uns nahe ist. Es ist also egal, welche Hautfarbe ein Kind hat oder aus welchem Land es kommt, es ist egal, ob es ein Mädchen oder ein Junge ist, ein Jude, Christ oder Muslim – jedes Kind ist einzigartig.

Auch wenn wir nicht genau wissen, wie Gott aussieht, ist in jedem Menschen eine Spur von Gott zu erkennen. Jeder besitzt eine Seele und ist von Gott so gewollt, wie er ist. Auch wenn jemand von euch meint, dass seine Nase zu klein wäre oder zu groß, so ist er einmalig, wie Gott selbst einzigartig ist.

Glauben alle Menschen an einen Gott?

Jeder Mensch ist ein Geheimnis. Obwohl es 6,5 Milliarden Menschen auf der Welt gibt und in jeder Sekunde drei Menschen dazukommen, ist jeder neue Erdenbürger etwas ganz Besonderes. Aber nicht nur ein Kind, das gerade geboren wird, lässt uns staunen. Schaut doch mal am Abend in den Himmel: ***Wenn ihr die vielen Sterne blinken seht und in die unendliche Weite des Weltraums blickt, was denkt ihr dann? Habt ihr vielleicht das Gefühl, dass jemand das alles erschaffen haben muss? Oder ist alles aus einem Zufall heraus entstanden?***

Machen wir uns auf die Suche nach Gott. Beginnen wir mit den Religionen, die sich auf der ganzen Welt ausgebreitet haben: das Judentum, das Christentum, der Islam, der Hinduismus und der Buddhismus. Sie werden die fünf Weltreligionen genannt. Ihr werdet in diesem Buch noch viel über diese Religionen und die Menschen, die sie begründet haben, erfahren. In den ersten drei Religionen wird nur ein Gott verehrt, der die Welt erschaffen hat. Die beiden anderen Religionen glauben an verschiedene Götter und eine ewige Ordnung, die alles bestimmt.

Die älteste Religion, die nur einen Gott verehrt, ist das Judentum. Sie ist 3 500 Jahre alt. Heute leben etwa 15 Millionen Juden auf der Welt, die meisten von ihnen in Israel und Nordamerika. Ihr wichtigstes Gebet beginnt mit den Worten: »Höre Israel, Jahwe unser Gott ist einzig!« Viele jüdische Menschen glauben, dass der Gott, der das ganze Weltall erschaffen hat, auch eine besondere Verbindung mit ihrem Volk eingegangen ist. Diese Verbindung beginnt laut der hebräischen Bibel – das ist das Heilige Buch der jüdischen Religion – mit Gott und **Abraham:** Gott hat sich Abraham ausgesucht, um ihm ein Land zu schenken und aus ihm ein großes Volk zu machen. Abraham vertraute wiederum auf Gott und verließ das Land, in dem er aufgewachsen war. Im Judentum gilt Abraham deswegen als Stammvater des Volkes Israel. Der Name Abraham bedeutet aber **Vater vieler Völker.** Denn auch die Christen und die Muslime sehen in der

Beziehung zwischen Abraham und Gott die Wurzeln für ihre Religion. Deshalb werden diese drei Religionen auch **abrahamitische Religionen** genannt.

Das Christentum ist zahlenmäßig die größte Religion auf der Welt. Über zwei Milliarden Christen glauben heute an Jesus Christus, den Sohn Gottes. Vor 2000 Jahren lebte **Jesus von Nazareth** in Israel. Er war ein Jude, der als junger Mann in der Hauptstadt Jerusalem von römischen Soldaten hingerichtet wurde. Nach seinem Tod entstand die christliche Religion und sie verbreitete sich im ganzen **Römischen Reich.** Die Christen glauben, dass die besondere Verbindung, die Gott mit dem jüdischen Volk eingegangen ist, seit Jesu Tod und seiner Auferstehung auch für alle anderen Völker gilt. Zum **Alten Testament,** wie die hebräische Bibel genannt wird, fügten die Christen einen weiteren Teil hinzu: Das **Neue Testament** erzählt vom Leben, Sterben und der Auferweckung Jesu. Beide Teile zusammen findet ihr in der christlichen Bibel.

Der Islam ist die zweitgrößte Religion auf der Welt. Das arabische Wort »Islam« heißt übersetzt **Hingabe an Gott.** Durch das Bekenntnis »Es gibt keinen Gott außer Allah und Mohammed ist sein Gesandter« gehören heute etwa 1,3 Milliarden Menschen zum Islam. Sie werden Muslime genannt. Ihre Religion begann im siebten Jahrhundert, als der arabische Kaufmann **Mohammed** durch einen Engel die Anweisungen Gottes diktiert bekam.

Diese Worte schrieb er im **Koran** nieder. Deshalb ist jedes Wort in der heiligen Schrift des Islam so wichtig, dass es auswendig gelernt werden muss. Muslime leben vor allem in Afrika, dem Nahen Osten, in Indonesien und in der Türkei.

Das Judentum, das Christentum und den Islam nennt man **monotheistische** Religionen, weil in diesen drei Religionen nur an einen einzigen Gott geglaubt wird. Es gibt aber auch Religionen, die verschiedene Götter kennen. Sie nennt man **polytheistisch.** Bevor das Judentum entstand, glaubte man sogar in allen Religionen an mehrere Götter. So war es bei den Griechen, den Römern, den Ägyptern, den Babyloniern und den Germanen. Selbst die Araber verehrten viele Götter, bevor Mohammed sie einte.

Die drittgrößte Religion der Erde ist der **Hinduismus.** Er hat seinen Ursprung in **Indien.** Zum Hinduismus werden 830 Millionen Menschen weltweit gerechnet, die **Hindus** genannt werden. Die ältesten Texte der heiligen Schriften des Hinduismus sind über 3000 Jahre alt, sie heißen **Veden.** Es gibt viele unterschiedliche Götter, die verehrt werden, weil diese Religion aus vielen Glaubensrichtungen besteht. Hindus bezeichnen ihre Religion selbst als **Sanatana Dharma,** »ewige Ordnung«. Es ist die Ordnung der Welt, die aus den Regeln der Natur und den Gesetzen des Zusammenlebens besteht, in der jeder Mensch seinen Platz einnimmt. Jeder Hindu glaubt, dass etwas Unsterbliches in ihm ist, seine Seele. Wenn der Mensch stirbt, wandert seine Seele in ein anderes Lebewesen, das neu geboren wird. So hat die Seele eines Menschen schon viele Leben auf der Erde gehabt.

Vor 2500 Jahren spaltete sich der Buddhismus vom Hinduismus in Indien ab. Der Begründer des Buddhismus war **Siddharta Gautama.** Er suchte einen Weg, den Menschen vom Leid zu erlösen. Als er diesen Weg gefunden hatte, wurde er Buddha genannt. Er erkannte, dass das Leiden von den vielen Wünschen kommt, die ein Mensch in seinem Leben hat. Wer dem Weg des Buddha folgt, lernt frei zu werden von der Gier, etwas besitzen zu müssen. Dem Buddhismus gehören etwa 375 Millionen Menschen an.

Fast 70 Prozent der Weltbevölkerung gehören zu einer der fünf Weltreligionen. ***Aber was denken die anderen Menschen?*** Viele von ihnen rechnet man zu den **Naturreligionen.** Diese finden sich in manchen Ländern Afrikas, Asiens und Südamerikas. Die Menschen haben in diesen Religionen die Vorstellung, dass sich Götter und Geister in Pflanzen und Tieren verbergen. Wenn es ein Gewitter oder Stürme gibt, dann sind die Götter böse, wenn die Sonne scheint, dann sind sie friedlich.

Außerdem gibt es noch die chinesische Religion. **China** ist ein großes Land mit 1,3 Milliarden Menschen. Jahrtausendelang wurde hier der **Kaiser** als Gott verehrt. In der Zeit, als Siddharta Gautama den Buddhismus begründete, lehrte in China der Philosoph **Kung Fu Tse,** wann ein Mensch gut und wann ein Mensch böse ist, und was einen Menschen überhaupt zu einem Menschen macht. Die Lehre des Konfuzius, wie er bei uns genannt wird, war bis 1912 die wichtigste Religion in China. Heute darf es dort offiziell keine Religion mehr geben. Die Regierung verbietet den Menschen, an einen Gott zu glauben. Dennoch gibt es viele, die ihren Glauben heimlich leben.

Auf der ganzen Welt gibt es etwa 925 Millionen Menschen, die denken, dass das Universum und das Leben des Menschen zufällig entstanden sind. Sie lehnen eine Religion für sich ab, weil sie meinen, dass es keinen Gott geben kann. Stattdessen glauben sie an die Natur, die sich über Millionen von Jahren zu dem entwickelt hat, was sie heute ist, und an ihre eigene Kraft. Diese Menschen werden als Atheisten bezeichnet. Das griechische Wort bedeutet, dass sie ganz bewusst an keinen Gott glauben. Natürlich machen sie sich auch Gedanken über die Welt, den Sinn des Lebens und sich selbst. Aber ihre Antworten unterscheiden sich von denen der Weltreligionen.

Übrigens: Wenn ihr diesen Text gelesen habt – das hat sicher 10 Minuten gedauert – sind wieder 1 800 Menschen geboren worden. Und jeder neue Mensch ist etwas ganz Besonderes. ***Woran jeder einzelne wohl glauben wird?***

Warum hat Gott so viele Namen?

Wisst ihr, was euer Name bedeutet?
Fragt doch mal eure Eltern, warum sie euch diesen Namen gegeben haben. Vielleicht weil euer Name sehr schön klingt. Manchmal auch weil Opa oder Oma so heißen oder eine Patentante. Früher war es üblich, einem Kind einen Namen zu geben, der eine bestimmte Bedeutung hat. Mit diesem Namen wollte man dem Kind auch bestimmte Eigenschaften mitgeben. So bedeutet zum Beispiel der Name Ludwig »berühmter Kämpfer« oder der Mädchenname Laura steht für »Lorbeerkranz« und Johannes für »Gott ist gnädig«.

Mit den Namen von Gott verhält es sich ganz ähnlich. Im Judentum wird Gott mit folgenden Namen bezeichnet: Er wird **El-Schaddaj,** »Gott der Starke«, oder **El-Olam,** »Gott der Ewige«, oder **El-Eljon,** »Gott der Höchste«, genannt. Einen Namen soll sich Gott sogar selbst gegeben haben. Vielleicht kennt ihr die Geschichte: Gott erscheint Mose in einem brennenden Busch und Mose fragt ihn, wie sein Name lautet. Seine Antwort: **Jahwe,** das heißt »Ich bin, der ich bin« oder »Ich bin da«. Das ist ein sehr ungewöhnlicher Name. Er bedeutet, dass Gott ganz anders ist, als die Menschen ihn sich vorstellen. Deshalb soll sich der Mensch auch kein Bild von ihm machen. Gott ist Gott. Der Mensch ist der Mensch. Da gibt es einen großen Unterschied. Und doch ist Gott da und wünscht sich eine Beziehung zu den Menschen. In der hebräischen Bibel ist Jahwe der wichtigste Name Gottes, er findet sich über 6800-mal. Aber aus Ehrfurcht vor Gott wird im Judentum Jahwe nicht ausgesprochen, sondern mit dem hebräischen Wort **Adonaj** umschrieben, das mit dem deutschen Wort »Herr« übersetzt wird.

Das Christentum ist aus dem Judentum heraus entstanden. Jesus selbst war Jude. In den Evangelien wird beschrieben, wie Jesus zu Gott betet. Er nennt Gott **Abba.** Das bedeutet so viel wie bei uns Vater oder Papa. Jesus sagte, dass Gott ganz nah sei. Er wollte, dass die Menschen in ihm ihren Vater sehen, so wie ein Kind. Manche Menschen haben ein sehr strenges Gottesbild.

Sie stellen sich Gott wie einen finsteren Mann mit zornigem Gesicht und harten Augen vor. Das passt aber gar nicht zu dem Namen **Abba.**
Die Christen glauben, dass etwas von Gott selbst in Jesus auf die Welt gekommen ist. Deshalb beginnt ihr Glaubensbekenntnis mit den Worten: »Ich glaube an Gott, den **Vater,** den **Sohn** und den **Heiligen Geist**.« Die drei Namen zusammen nennt man **Trinität,** also Dreieinigkeit. Gott ist zwar einer, aber er begegnet dem Menschen auf drei verschiedene Weisen: Als Vater, so wie er auch von Jesus angesprochen wurde, als Sohn, denn in Jesus ist Gott selbst Mensch geworden, und als Heiliger Geist. Damit ist Gottes Kraft und seine Energie gemeint.

Im Islam gibt es keine Trinität. Jesus wird dort zwar als ein besonderer Mensch verehrt, als ein Prophet, aber mehr nicht. Der eine und einzige Gott heißt auf Arabisch **Allah.** Er trägt viele verschiedene Titel, es sind insgesamt 99 schöne Namen: Allah der Barmherzige, der Höchste, der Verzeihende, der Heilige, der Beschützer ... Und alle bezeichnen sie den einen Gott.

Gott hat viele Namen, aber hinter dem Namen bleibt doch die Erfahrung von einem einzigen Gott, der in vielen verschiedenen Sprachen angeredet wird. Wenn ihr schon mal im Ausland wart, dann kennt ihr das vielleicht von anderen Namen: Johannes wird mit Jan, Giovanni, Jack, Juan, Yanick oder Wanja angesprochen. Und trotzdem bleibt Johannes doch immer der gleiche Johannes.

Was sind religiöse Fanatiker und warum wird im Namen von Gott Krieg geführt?

Alle Menschen wollen gerne Recht haben. Ein religiöser Fanatiker ist ein Mensch, der als Einziger Recht haben will. Er meint, Gott steht auf seiner Seite. Und das ist natürlich eine sehr starke Position, Gott auf der eigenen Seite zu haben. Er will der Stärkste sein und andere Menschen dazu bringen, an Gott ganz genauso zu glauben wie er. Jedes Mittel ist ihm dafür recht.

Zum Glück gibt es nur wenige **religiöse Fanatiker,** aber man findet sie in allen Religionen. Sie führen einen Kampf gegen die Menschen, die anders denken als sie, und behaupten, dass ihre Religion die einzige sei, die auf alle Fragen eine Antwort wisse. Ihre Ziele setzen sie mit Gewalt durch. Sie sind bereit, andere Menschen zu verletzen oder zu töten – manchmal auch sich selbst. Deshalb sind sie sehr gefährlich.

Der Gott der Juden, Christen und Muslime ist aber ein Gott des Friedens. Gott untersagt, unschuldige Menschen zu verletzen oder zu töten. Die Regel »Du sollst nicht töten« gilt in allen Religionen. Sie bedeutet, dass Gewalt kein Mittel der Auseinandersetzung mit anderen Menschen sein darf.

Stattdessen soll man sich friedlich begegnen. Das fängt schon bei der Begrüßung an: Juden rufen einander das Wort Schalom zu, wenn sie sich begegnen. Das bedeutet **Friede.** Muslime benutzen zur Begrüßung das gleiche Wort auf Arabisch: Salam. Gemeint ist damit: Jeder Muslim hat die Aufgabe, sich Gott hinzugeben und den Frieden zu suchen. Die Christen gehen sogar noch einen Schritt weiter. Sie rufen dazu auf, die **Feinde zu lieben** und für die Menschen zu beten, die einen verfolgen. Jesus nannte die Menschen glücklich, die Frieden stiften. »Wer dich auf die rechte Backe schlägt, dem halte auch die andere hin«, rief er den Menschen zu, als sie ihn fragten, was sie gegen die Brutalität der römischen Solda-

ten machen sollten. Er forderte dazu auf, eher Gewalt zu erdulden als selbst gewalttätig zu sein. Er liebte seine Feinde, bis zum Tod am Kreuz. Gerade aus diesem Tod heraus ist die christliche Kirche entstanden. Sie soll im Sinne Jesu ein Ort des Friedens in der Welt sein.

Kann es einen Krieg im Namen Gottes geben? Wie sehr Fanatiker den Sinn des Todes am Kreuz ins Gegenteil verkehren, haben die Kreuzzüge im Mittelalter gezeigt. Die Soldaten trugen ein rotes Kreuz auf Brust, Schild und Mantel, um zu zeigen, dass sie für die christliche Kirche kämpften. Viele Soldaten machten aber nicht nur aus religiösen Gründen mit, sondern auch wegen der Kriegsbeute, die ihnen versprochen wurde, oder einfach aus Abenteuerlust.

Der damalige Papst, Urban II., rief am 27. November 1095 zum ersten **Kreuzzug** auf. Mit dem Schlachtruf »Gott will es so!« zogen Ritter aus ganz Europa in den Krieg, um Jerusalem, die Heilige Stadt, in der Jesus gestorben und auferstanden war, von den »Ungläubigen«, so wurden damals die Muslime genannt, zu befreien. Drei Wochen belagerten die Kreuzritter Jerusalem. Dann stürmten sie die Stadt am 15. Juli 1099 und töteten neben den Soldaten auch noch alle Juden und Muslime, sogar Frauen und Kinder. Es geschah im Namen Jesu, obwohl doch gerade Jesus die Liebe zu Gott und den Menschen als eine der wichtigsten Regeln im Leben gesehen und befolgt hatte. Der erste Kreuzzug dauerte drei

Jahre. Insgesamt gab es acht Kreuzzüge, den letzten im Jahr 1223. Dabei ging es nicht nur um Religion, sondern immer mehr auch um Politik, also um Macht.

Auch heute versuchen religiöse Fanatiker, mit Gewalt ihre Ziele durchzusetzen. Am 11. September 2001 flogen Flugzeuge in ein Hochhaus in New York, in das **World Trade Center.** Diese Bilder werden immer wieder im Fernsehen gezeigt. Über 3300 Menschen sind ums Leben gekommen, als die Hochhäuser einstürzten. Die Flugzeuge waren von Menschen entführt worden, die zur Gruppe der **Islamisten** gehören. Doch sie handelten nicht im Sinne des Islam, der den Frieden will. Den Islamisten wurde oft schon sehr früh von ihren Lehrern beigebracht, dass sie die Gegner des Islam töten sollen. Ihre Lehrer waren allerdings selbst religiöse Fanatiker, die sich nur die Verse aus dem Koran heraussuchten, die zu ihren Vorstellungen passten. Auch hier geht es vor allem um Politik, also den Kampf um die Macht.

Islamisten haben auch schon in anderen Ländern unschuldige Menschen getötet. Aber unschuldige Menschen zu töten und zu Gott zu beten, das passt nicht zusammen. Es sind Menschen mit zwei Gesichtern. Sie führen einen Krieg gegen alle Juden und Christen. Diesen Krieg nennen sie **Dschihad.** Dschihad bedeutet eigentlich Anstrengung. Also: Ich strenge mich für meine Religion an. Zur Zeit der Kreuzzüge mussten sich die Muslime gegen die Kreuzritter verteidigen. Auch damals nannten sie die Anstrengung, sich mit Waffen gegen die Angreifer zu verteidigen, Dschihad. Die Islamisten benutzen das Wort aber heute für ihre eigenen Zwecke. Es bedeutet bei ihnen: »Krieg im Namen Allahs.« Sie müssen sich nicht verteidigen, sondern greifen selbst an und verbreiten Angst und Schrecken. Damit schaden sie allen Muslimen, weil sie im Namen des Islam handeln.

Dabei ist der Islam eine tolerante Religion.
Das Wort **Toleranz** bedeutet, dass man die Meinung und den Glauben eines anderen Menschen anerkennt, obwohl man selbst eine andere Meinung und einen anderen Glauben hat. Im Koran steht, dass der Islam keinen Krieg, sondern den Frieden sucht, auch mit anderen Religionen. Gleich zu Beginn steht: »Es sei kein Zwang im Glauben.« Kein Mensch darf also dazu gezwungen werden, ein Muslim zu werden. Wer Muslim werden will, tut das freiwillig. Jeder hat das Recht auf seinen eigenen Glauben. Das ist auch bei den Christen und den Juden so. Kein Mensch darf sich an die Stelle Gottes setzen und darüber entscheiden, wer richtig glaubt und wer falsch.

Überall auf der Welt leben heute Menschen mit unterschiedlichen Religionen friedlich zusammen. Aber religiöse Fanatiker sind nicht tolerant und wollen mit Gewalt ihren Glauben durchsetzen. Das schadet dem Frieden und auch ihrer Religion. Und der Friede, der fängt schon beim Grüßen an: Also, Schalom und Salam euch allen!

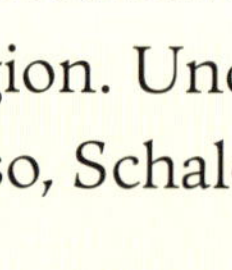

Haben alle Engel Flügel?

Zu Weihnachten gibt es jede Menge Engel. Die sehen aus wie kleine Kinder mit winzigen Flügelchen. In alten Kirchen oder Museen könnt ihr Bilder von ganz anderen Engeln angucken. Die sehen aus wie Soldaten, tragen Schwerter und kämpfen gegen Ungeheuer. Flügel haben sie trotzdem. Es gibt aber auch Engel, die keine Flügel haben. Von ihnen erfahren wir in der Bibel. Und dann gibt es noch die Serafim und Cherubim, die eigentlich keine Engel waren, von denen die Engel aber die Flügel bekommen haben. Nur hatten diese Wesen gleich mehrere Flügel und nicht zwei.

In vielen Religionen spielen Engel eine große Rolle, sie werden als Mitarbeiter Gottes gesehen, die den Menschen Botschaften überbringen. So bedeutet das griechische Wort **angelos,** das vom hebräischen **mal'ach** kommt, einfach Bote oder Botschafter.

Engel sind also Boten Gottes. Von ihnen kann man Gottes Willen erfahren. Und obwohl Engel keine Menschen sind und auch kein Geschlecht besitzen, können Menschen sie nur in einer menschenähnlichen Gestalt sehen.

Gabriel ist der Bote aus der Weihnachtsgeschichte und deshalb auch der Schutzengel der Postboten. Sein Name bedeutet »Macht ist Gott«. Er kam zu Maria nach Nazareth und sprach zu ihr: »Hab keine Angst. Du wirst ein Kind zur Welt bringen, das sollst du Jesus nennen.« Erst durch den Engel hat Maria erfahren, dass sie einen Sohn auf die Welt bringen wird, der etwas ganz Besonderes ist. Der Engel hat also eine gute Nachricht überbracht. Das ist seine Aufgabe. Wie er aber damals ausgesehen hat, steht nicht in der Bibel. Das haben sich die Menschen in ihrer Fantasie ausgemalt. Die Engel in der Bibel haben keine Flügel. Sie sehen aus wie junge Männer in langen weißen Kleidern, fast so, als würdet ihr euch ein Betttuch um die Schultern hängen.

Außer Gabriel gibt es in der Bibel noch Michael und Raphael. Ihre Namen zeigen schon, dass sie etwas mit Gott zu tun haben, denn die Endung ***-el*** heißt in der

hebräischen Sprache: Gott. Nur diese drei Engel haben einen Namen, alle anderen bleiben namenlos. Die drei sind ziemlich wichtig und werden deshalb auch **Erzengel** genannt.

Die Aufgabe des **Schutzengels** übernimmt Raphael, sein Name bedeutet »Gott heilt«. In der Bibel gibt es eine Geschichte, in der er den Jungen Tobias auf einer langen Reise begleitet. An deren Ende ist Tobias glücklich verheiratet und sein Vater von einem schlimmen Leiden geheilt – Raphael hat alles zum Guten gewendet. Wegen dieser Reise wird er oft mit einem Pilgerstab dargestellt.

Domenico de Michelino: »Die drei Erzengel und der junge Tobias« (um 1480)

Michael, zu Deutsch »Wer ist wie Gott?«, ist der Anführer aller Engel und wird oft mit einem Flammenschwert dargestellt, denn Engel müssen auch gut kämpfen können. Sie stehen nämlich Wache und sind so etwas wie die Soldaten Gottes, die gegen das Böse antreten.

Im Islam wurden die Engel aus dem Licht erschaffen und werden **Melek** genannt. Sie sind ohne Fehler, essen nicht, trinken nicht und brauchen nicht zu schlafen. Es wird gesagt, dass es ein Engel war, der Mohammed die Verse des Koran diktiert hat. Dieser Engel heißt Dschibrail, damit ist Gabriel gemeint, derselbe Engel, der Maria die Geburt Jesu verkündigte. Wenn ein Mensch sterben muss, dann kommt der Todesengel Azrail und nimmt ihm das Leben. Michael wacht über die Natur. Er ist für den Regen und die Ernte zuständig. Zwei weitere Engel schreiben alle Taten mit, die ein Mensch in seinem Leben begeht, sie heißen Kiramen und Katibin. Sie stehen an seiner Seite. Und am Ende aller Tage bläst dann der Engel Israfil die Trompete zum Gericht. Dann gibt es noch die beiden Engel Munkar und Nakir, die die Aufgabe haben, den Glauben der Verstorbenen noch im Grab mit drei Fragen zu prüfen. Wie diese Engel aussehen, ist nicht überliefert. Denn der Islam kennt – wie das Judentum – das Verbot, Gott in Bildern darzustellen, und das wird auch auf die Engel übertragen. Im Koran selbst erfahren wir nichts über ihr Aussehen, außer dass sie Gestalten aus Licht sind.

Vielleicht fragt ihr euch jetzt, woher die Vorstellung kommt, dass Engel und Flügel zusammengehören, wenn in der Bibel und im Koran Engel gar keine Flügel haben? In der hebräischen Bibel wird von Wesen erzählt, die sechs oder vier Flügel sowie Hände und Füße haben. Sie werden Serafim und Cherubim genannt. Diese Wesen sehen ganz anders aus als Gabriel, Michael oder Raphael, mehr wie eine Mischung aus Mensch und Tier. Sie sollen einen Kopf mit vier Gesichtern haben, Stierfüße und Menschenhände. Der Kopf hat vorn ein Menschengesicht, rechts das Gesicht eines Löwen, hinten sieht er wie ein Adler aus und links wie ein Stier. Die Serafim befinden sich ganz in der Nähe von Gott. Ihr Name bedeutet so viel wie »etwas in Brand stecken« oder »entzünden«. Von ihnen wird berichtet, dass zwei Flügel ihr Gesicht bedecken, zwei Flügel ihre Füße, und mit zwei Flügeln fliegen sie. Die Cherubim werden als Beschützer des Paradieses vorgestellt und tragen den Thron Gottes.

Mit den Engeln und den Flügeln ist das eine schwierige Sache, weil sie einer Welt angehören, die für den Menschen nicht sichtbar ist. Deshalb ist diese Welt offen für unsere Fantasie und so haben viele Künstler ihre Engel mit Flügeln gemalt. Sicher habt ihr auch schon einmal gehört, wie jemand gesagt hat: »Da habt ihr aber einen Schutzengel gehabt!« Und wie dieser Schutzengel aussieht, das wisst nur ihr. Es muss ja nicht immer ein Engel mit Flügeln sein.

Wo sind die Menschen, wenn sie tot sind?

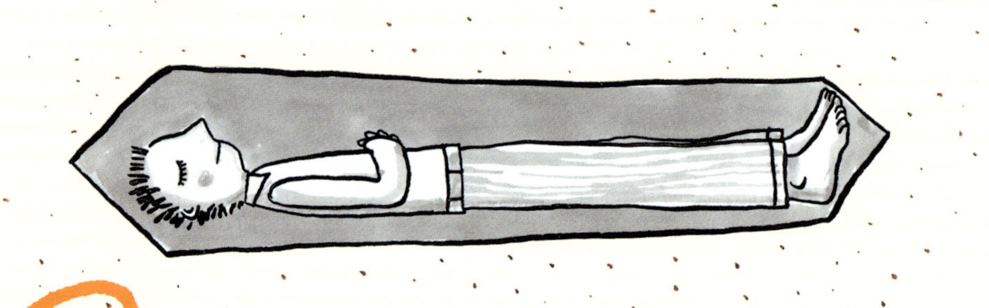

Wenn ein Mensch stirbt, wird er auf einem Friedhof begraben. Das Wort »Friedhof« bedeutet so viel wie: mit einer Mauer oder einem

Zaun umgebener Platz. Es ist der Ort, an dem die Menschen beerdigt werden, wenn sie tot sind. Vielleicht denkt ihr, auf dem Friedhof ist es bestimmt gruselig, weil da so viele Tote liegen. Aber das stimmt gar nicht. Auf einem Friedhof gibt es ganz schön viel Leben, da sieht es aus wie in einem grünen Park mit vielen Vögeln, Steinen und Skulpturen. Es gibt dort auch schöne alte Bäume und Wege, auf denen man spazieren gehen kann.

Die **Grabstellen** sind mit Blumen bepflanzt. Manche sind auch etwas verwildert. Die Grabsteine, die auf dem Boden liegen oder aufgestellt sind, erzählen von den Verstorbenen: Darauf könnt ihr die Namen der Menschen finden, die hier begraben wurden, und wann sie geboren und gestorben sind. Vielleicht erfahrt ihr auch etwas über ihren Beruf, der manchmal hinter dem Namen steht. Neben den Buchstaben finden sich oft verschiedene Zeichen, zum Beispiel ein Kreuz oder zwei betende Hände, eine Taube mit einem Ölzweig oder Ähren. Vielleicht seht ihr am Grab auch eine rote Kerze, in der immer ein Licht brennt, das ewige Licht. Diese Zeichen und die Kerze stehen für die **Hoffnung,** dass der Mensch nach seinem Tod nicht vergessen wird und die Beziehung zu ihm nicht endet.

Alles was lebt, stirbt irgendwann. So ist es in der Natur, bei den Pflanzen und Tieren und auch bei den Menschen. Wenn der Mensch tot ist, wird sein Körper **Leiche** genannt. Die Leiche wird in einen Holzsarg ge-

legt und muss spätestens nach 96 Stunden, also vier Tagen, auf einem Friedhof beerdigt werden. Der **Sarg** wird als letzte Ruhestätte bezeichnet. Deshalb sieht er innen wie ein Bett mit einem Kopfkissen aus, auf das die Leiche für die letzte Ruhe gebettet wird.

Der Leiche werden die Augen und der Mund geschlossen. Der Tote sieht nun sehr friedlich aus, als ob er schläft. In einem Verabschiedungsraum können Angehörige den Verstorbenen ein letztes Mal sehen. Dann wird er beerdigt. Dabei gibt es eine kleine Feier, die **Trauerfeier** genannt wird. Sie beginnt oft mit einem Gottesdienst in der Kirche, den die katholischen Christen **Requiem** nennen, das heißt: »zur Ruhe kommen«. Wenn der Sarg danach in die Grabstelle hinuntergelassen wird, werfen die Angehörigen Erde darauf. Dadurch sollen sie begreifen, dass dieser Mensch wirklich nicht mehr aufwachen wird. Viele Menschen weinen in diesem Moment und lassen so die Traurigkeit aus dem Körper heraus.

Man kann die Leiche mit dem Sarg auch in einem speziellen Haus, das man **Krematorium** nennt, in einem großen Ofen verbrennen. Das dauert etwas länger. Die Asche, die übrig bleibt, kommt in eine kleine Dose, die verschlossen wird. Sie wird **Urne** genannt und wie der Sarg in einem Grab auf dem Friedhof beigesetzt. In Amerika und anderen Ländern ist es möglich, diese Urne auch mit nach Hause zu nehmen, in Deutschland geht das nicht. Bei uns bleibt der Friedhof der Ort für die Toten.

Nach der Beerdigung trifft man sich in vielen Gegenden zu einem **Leichenschmaus.** Dort wird zusammen gegessen, über den Toten und das Leben gesprochen und manchmal auch schon wieder gelacht. Damit man mit dem Tod besser umgehen kann, ist es wichtig, viel darüber zu reden. Nicht nur am Tag der Beerdigung.

In ein paar Jahren zerfallen die Leiche und der Sarg oder eben die Urne allmählich zu Erde – wie trockene Blätter. Dieser Vorgang wird bei dem menschlichen Körper **Verwesung** genannt. Nach etwa 20 Jahren ist die Verwesung abgeschlossen. Die Grabstelle darf dann wieder für eine andere Beerdigung genutzt werden. Wenn an derselben Stelle ein Loch für ein neues Grab ausgehoben wird, das mindestens 1,80 Meter tief sein muss, findet man nur noch wenige Reste von den Knochen eines Verstorbenen.

Aber auch wenn der Körper ganz zerfällt, bleibt der Verstorbene, den man sehr gern gehabt hat, in unseren Gedanken lebendig. Sieht man sich alte Fotos an, erzählt von ihm oder stellt Blumen an das Grab, dann ist es so, als ob der Verstorbene irgendwie noch da ist. Die Gefühle, die man zu einem Menschen einmal gehabt hat, hören nicht einfach auf, wenn er tot ist. Die Beziehung zu ihm geht weiter, über den Tod hinaus. Das drückt zum Beispiel ein Ring oder eine Kette aus, die dem Verstorbenen gehört haben, und die man nun am eigenen Körper trägt.

Für viele Menschen ist es ein Trost, sich vorzustellen, dass der Verstorbene jetzt bei Gott ist. In allen Religionen gibt es den Gedanken, dass etwas vom Menschen weiterlebt. Bei den alten Griechen wurde dieses »Etwas« Seele genannt: Der Mensch besteht nicht nur aus dem Körper, sagten sie, sondern auch aus der Seele. Der Körper kann beerdigt werden. Aber die Seele stirbt nicht. Auch Juden, Christen und Muslime glauben, dass der Mensch eine Seele hat. Wenn ein Mensch stirbt – so stellten es sich die Menschen früher vor –, löst sich die Seele vom Körper, und Engel tragen sie in den **Himmel.** So haben es viele Dichter erzählt und die alten Künstler in ihren Bildern gemalt, die ihr noch in den Galerien der Museen finden könnt. In der Bibel gibt es aber auch die Vorstellung, dass Körper und Seele nicht voneinander zu trennen sind. Der ganze Mensch kommt nach seinem Tod in den Himmel – mit einem verwandelten Körper, der nicht mehr verwesen kann. Er ist dann bei Gott und braucht keine Schmerzen mehr zu ertragen. ***Aber wo ist der Himmel?***

In der englischen Sprache gibt es zwei Wörter für den Himmel: Das eine Wort heißt **Sky** und bezeichnet den Himmel, den wir sehen können, wenn wir nach oben schauen, also den mit Wolken und Sternen. Mit dem Wort **Heaven** ist ein anderer Himmel gemeint, den der Mensch nicht sehen kann, den es aber für die Menschen, die an einen Gott glauben, trotzdem gibt. In diesen »Heaven« kommen die Verstorbenen. Dort leben sie bei Gott. Manche denken sich diesen Himmel wie einen wunderschönen Garten, in dem die Verstorbenen wie Engel spazieren gehen und wo es ihnen an nichts fehlt. Es ist ein Ort des Friedens und des Wiedersehens – wie wenn man nach einer langen Reise nach Hause kommt und alle sind wieder zusammen.

Andere denken sich das In-den-Himmel-Kommen so, dass sie wie ein Stern von oben auf die Erde gucken können. Sie können alles beobachten, was unten passiert. Wieder andere hoffen, dass sie sich im Himmel ausruhen können von den Anstrengungen des Lebens. Man sagt ja auch, dass die Toten schlafen – einen ewigen Schlaf. Aber so ganz genau weiß niemand, was passiert, wenn man gestorben ist. Deshalb gibt es davon auch sehr viele Vorstellungen in den verschiedenen Religionen der Welt.

Nun gibt es Menschen, die waren schon einmal fast tot. Eigentlich hätten sie sterben müssen, weil sie zum Beispiel bei einem Verkehrsunfall so schwere Verletzungen erlitten haben. Aber die Ärzte im Krankenhaus konnten sie retten, haben sie »ins Leben zurückgeholt«. Und ein Teil dieser Menschen hat dabei etwas erlebt, das sie dann ihren Ärzten und ihrer Familie erzählt haben. Diese Erlebnisse werden **Nahtoderfahrungen** genannt, weil die Menschen schon ganz nah am Tod waren. Die Berichte sind sich alle sehr ähnlich: Während die Ärzte um ihr

Leben kämpften, spürten die Menschen plötzlich etwas Angenehmes. Es war ein gutes, warmes Gefühl. Und dann merkten sie, wie sie aus ihrem Körper heraustraten. Manch einer konnte den Ärzten sogar zuschauen und ihre Gespräche hören. Sie sahen auch ein starkes, helles Licht. Und dieses Licht war angenehm und warm. Es sah aus wie ein Lichttunnel, in den man hineingehen kann. Aber bevor die Menschen in den Tunnel hineingehen konnten, wurden sie zurückgeholt und lebten weiter, weil die Ärzte sie gerettet haben. Fast alle Menschen, die so etwas erlebt haben, hatten danach keine Angst mehr vor dem Tod.

Auf einem Friedhof ist es also gar nicht so gruselig, wie ihr vielleicht denkt, sondern ganz schön lebendig. Beobachtet doch mal, wie die Menschen die Gräber mit Blumen schmücken und die Vögel sich in den Bäumen ihre Nester bauen.

→ Der Tod gehört zum Leben dazu und das Leben geht weiter.

Wer hat die Bibel geschrieben?

Kennt ihr Astrid Lindgren? Sie ist die Erfinderin von Pippi Langstrumpf. ***Und was ist mit Joanne K. Rowling?*** Na klar, die Autorin von Harry Potter! ***Und wer hat die Bibel geschrieben?*** Das ist eine ganz schön schwierige Frage, denn die Bibel ist nicht nur ein Buch, sondern eine ganze Bibliothek. Deshalb gibt es auch nicht einen Autor, sondern sehr viele. Von manchen kennen wir noch die Namen, die meisten aber sind unbekannt.

Schlagt einmal eine Bibel auf. Ihr seht, dass sie aus zwei großen Teilen besteht. Einem ganz dicken und einem dünnen Teil. Sie werden Altes und Neues Testament genannt. Und jedes der beiden Testamente enthält wiederum eine Vielzahl von einzelnen Büchern, eben so etwas wie eine **Bibliothek.** Manche erzählen Geschichten, andere enthalten Liebeslieder, Briefe oder Worte von klugen Männern und Frauen. Ihr könnt euch das wie ein Bücherregal vorstellen. Man kann hingehen und sich irgendein Buch herausnehmen, das man gerade lesen möchte. Man könnte natürlich auch ganz vorne beginnen und alle Bücher der Reihe nach lesen. Genauso ist es mit der Bibel. Die Bücher, die ihr darin findet, stehen alle miteinander in Verbindung. Man kann sie aber auch verstehen, wenn man sie einzeln liest. Und wenn man vorne anfängt, heißt es nicht, dass das erste Buch auch zuerst geschrieben wurde.

Das Wort Bibel kommt vom lateinischen **biblia** und bedeutet einfach »Buch«. Die Bibel enthält insgesamt 66 Bücher. 39 gehören zum Alten Testament und 27 zum Neuen.
Bis die Menschen die Bibel als ein gedrucktes und gebundenes Buch in den Händen halten konnten, war es ein langer Weg. Sie ist nicht von einem einzigen Autor verfasst worden. Das wäre auch gar nicht gegangen, die Bibel ist nämlich über einen Zeitraum von etwa 1300 Jahren entstanden. Kein Mensch kann so alt werden!
Es war auch nicht Gott, der dieses Buch geschrieben hat, sondern eine Vielzahl von Menschen, die von ihren Erfahrungen mit Gott berichten. In so einer langen Zeit kann auf der Erde ganz schön viel passieren. Deshalb kann man auch sagen, dass die Bibel so etwas wie ein **Gedächtnis** ist. Hier wurde gespeichert, was man nicht ver-

gessen darf. Aus diesem Grund ist auch nicht so wichtig, wer genau die einzelnen Bücher geschrieben hat, sondern was in ihnen steht: das, was Menschen ausgewählt haben, weil sie es so wichtig fanden, dass es jeder lesen sollte.

In der Bibel werden Kinder geboren und Menschen müssen sterben. Kleine Jungen werden zu Königen und überschätzen ihre Macht. Völker führen Kriege und alles, was vorher mit Mühe aufgebaut worden war, wird kaputtgemacht. Menschen verlieben sich oder suchen nach dem Sinn ihres Lebens und begegnen dabei Gott, der ihnen einen Auftrag gibt. Es gibt Menschen, die ihr Leben lassen, damit andere gerettet werden. In den Büchern der Bibel könnt ihr lesen, wie Menschen ihre Angst besiegen und was sie glauben. Warum die Liebe stärker ist als der Tod und was aus Kindern alles werden kann. Und immer wieder geht es um die Verbindung zu Gott und die Hoffnung, die die Menschen daraus schöpfen.

Der erste Teil der Bibel, das **Alte Testament,** ist in hebräischer Sprache verfasst und besteht aus den heiligen Schriften der Juden. Damit nicht alles durcheinander geht, hat man die Texte in drei Teile geordnet: die **T**ora, die **N**ewiim und die **K**etuwim. Um es sich besser merken zu können, spricht man nur die Anfangsbuchstaben aus: TNK. Da das aber nicht so toll klingt, werden noch Vokale dazwischengesetzt und hinten kommt noch ein h dran. Die hebräische Bibel wird bei den Juden also **TeNaKh** genannt.

Mit der **Tora** sind die ersten fünf Bücher gemeint. Sie werden auch die fünf Bücher Mose genannt, weil es vor allem um die Anweisungen geht, die Mose von Gott erhalten hat. Der zweite Teil sind die **Newiim,** die Propheten. Also Männer und Frauen, mit denen Gott persönlich gesprochen hat. Jedes Buch trägt den Namen des Propheten, um den es geht. Im dritten Teil gibt es die Erzählungen, auf Hebräisch **Ketuwim.** Hier findet ihr schöne und auch sehr traurige Texte: Liebeslieder und Sammlungen von Sprüchen, Geschichten von wichtigen Frauen und über einen Mann, der alles verloren hat, aber auch ein Buch voller Klagen über die Zerstörung Jerusalems. Und dann stehen da noch 150 Psalme. Das sind Lieder, die für Gott gedichtet wurden.

Die Christen nennen die hebräische Bibel das Alte Testament. Der zweite Teil der Bibel wird **Neues Testament** genannt. Das heißt aber nicht, dass die älteren Schriften durch neuere ersetzt wurden. Beide sind gleich wichtig. Am Anfang des Neuen Testaments stehen die vier **Evangelien,** in denen von Jesus erzählt wird. Sie tragen die Namen ihrer Verfasser: **Markus, Matthäus, Lukas** und **Johannes.** Aber wieder wissen wir nicht viel über sie. Sie schreiben ja nicht über sich, sondern darüber, warum Jesus so ein besonderer Mensch war. Auch hier ist der Inhalt wichtiger als der Autor. In der **Apostelgeschichte** geht es dann darum, wie es weiterging, nachdem Jesus die Erde verlassen hatte. Sie stammt auch von Lukas. Und wir lernen Paulus kennen.

Er reiste im ersten Jahrhundert durch Griechenland, Italien und die Türkei. Weil er viel im Gefängnis sitzen musste, schrieb er **Briefe** aus seiner Zelle. Das letzte Buch der Bibel ist in einer Zeit geschrieben worden, in der die Christen vom römischen Kaiser verfolgt und grausam getötet wurden. Es ist ein Buch der Hoffnung, von einem Mann, der Johannes genannt wird und auf einer Insel seine Träume aufgeschrieben hat.

Lange bevor die Geschichten der Bibel aufgeschrieben werden konnten – es gab damals nämlich noch kein Papier –, sind sie schon erzählt worden. So wie euch eure Eltern oder Großeltern manchmal Geschichten von früher erzählen. Und sie wurden Wort für Wort von Generation zu Generation weitergegeben. Die Menschen hatten damals ein viel besseres Gedächtnis als wir heute. Erst im achten Jahrhundert vor Christus begann man, die Geschichten aufzuschreiben – auf **Papyrus.**

Griechische Handschrift-Bibel aus Papyrus (13. Jahrhundert)

Im Vergleich zu den Tontafeln, auf die man vorher geschrieben hatte, war die Papyrusherstellung zwar preiswert, aber auch ganz schön aufwändig. Papyrus wurde aus einer Schilfpflanze gewonnen, die bis zu fünf Meter hoch werden kann. Aus dem Inneren der Stängel, dem Papyrusmark, stellte man reißfestes, gut beschreibbares Material her. Geschrieben wurde mit Pinseln oder angespitzten Federn aus Schilfrohr. Schreiber war damals ein richtiger Beruf. Tinte kannte man auch schon. Sie bestand aus Olivenöl, das zum Beispiel mit Ruß gefärbt wurde. Aber genauso wie unser Papier heute waren auch die Papyrusrollen nicht sehr lange haltbar. Man musste sie immer wieder neu abschreiben und dabei haben sich im Laufe der Zeit natürlich auch Fehler eingeschlichen, aber nur wenige.

→ Ihr könnt euch sicher vorstellen, dass irgendwann eine so große Anzahl von Geschichten über Gott und die Menschen in Umlauf war, dass man leicht die Übersicht verlieren konnte. So entstand bei den Menschen das Bedürfnis nach einer feststehenden Anzahl von Geschichten und Büchern, die auch wirklich den Anspruch erheben durften, als **Heilige Schrift** zu gelten. Deshalb wurde im Jahr 135 vor Christus festgelegt, welche Bücher für das Alte Testament wichtig sind und welche nicht. Danach durfte kein Buch mehr dazukommen. Für das Neue Testament war dieser Vorgang etwa 180 nach Christus abgeschlossen. Von nun an wurde der Inhalt der Bibel nicht mehr verändert.

Die Schriften des Alten Testaments, die über 1 000 Jahre gesammelt wurden, sind in **hebräischer Sprache** geschrieben. Das Neue Testament wurde dagegen zwischen 70 und 150 nach Christus in **griechischer Sprache** verfasst. Alles wurde dann im 4. Jahrhundert ins **Lateinische** übersetzt, also in die Sprache der Römer. Diese Übersetzung heißt Vulgata und war lange Zeit die einzige, die es gab. Deshalb mussten die Kinder in den Klosterschulen auch Latein lernen.

Es macht natürlich nur Spaß, Bücher zu lesen, wenn man auch die Sprache kann, in der sie geschrieben sind. Oder würdet ihr dieses Buch gern auf Latein lesen? Professor **Martin Luther** konnte Latein, weil er es in der Schule gelernt hatte. Er ärgerte sich aber darüber, dass nur die Professoren und Priester den lateinischen Bibeltext lesen konnten. Luther wollte, dass jeder die Bibel verstand. Deshalb machte er sich 1522 daran, sie ins Deutsche zu übersetzen. Und wenn ihr die Bücher von Astrid Lindgren und Joanne K. Rowling verschlungen habt, dann müsst ihr unbedingt auch mal in die Bibel reinschauen. Sie kann es durchaus mit Pippi Langstrumpf und Harry Potter aufnehmen und ist das meistgelesene Buch auf der ganzen Welt.

Woher kommen die Zehn Gebote?

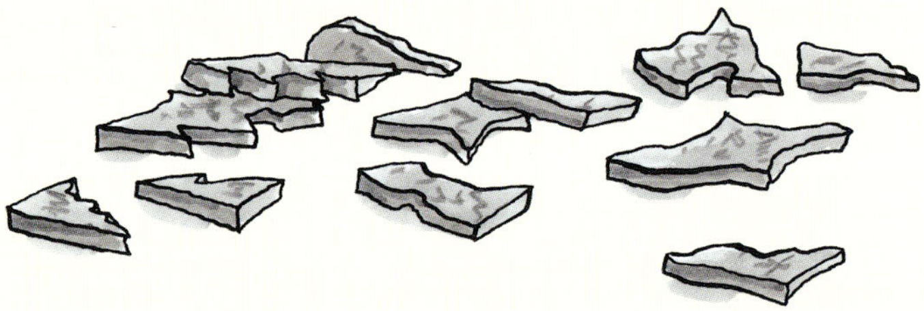

In vielen Schulen gibt es Klassenregeln. Die hängen im Klassenzimmer an der Wand, wo sie für alle sichtbar sind. Es ist wichtig, dass sie klar formuliert werden, damit auch jeder weiß, woran er sich halten muss. Regeln können zum Beispiel sein: Wir helfen uns gegenseitig; hauen ist verboten; beim Arbeiten sprechen wir ganz leise; wenn wir etwas ausleihen wollen, fragen wir erst, und so weiter. Diese Regeln haben sich die Kinder zusammen mit ihren Lehrern überlegt. Sie sollen dabei helfen, gut miteinander auszukommen.

Auch die Zehn Gebote sind solche Regeln – für alle Menschen. Sie sind aber keine strengen Gesetze, wie man immer meint. Ihnen geht die Erfahrung einer Befreiung voraus, denn die Juden wurden von dem Pharao in Ägypten wie Sklaven gehalten. Mithilfe ihres Gottes konnten sie aber fliehen. Und an diese Flucht wird am Anfang der Zehn Gebote erinnert: **Ich bin der Herr, dein Gott, der dich aus Ägypten, dem Sklavenhaus, geführt hat.** Das nennt man Präambel, die Grundlage für die folgenden Gebote. Alle zehn Gebote sollen nach dieser Präambel besonders dazu beitragen, dass Menschen einander nicht mehr unterdrücken. Die Zehn Gebote sind also eigentlich zehn große Freiheiten.

Die Zehn Gebote sind so kurz und knapp, dass man sie an zehn Fingern abzählen kann. Fangen wir mit der rechten Hand an: Der Daumen bedeutet: **Du sollst nicht töten.** Jeder Mensch hat ein Recht auf Leben, deshalb muss unter allen Umständen das Leben geschützt werden. Der Zeigefinger steht für: **Zerstöre keine Beziehungen.** Ein Mann möchte von seiner Frau geliebt werden und eine Frau von ihrem Mann. Beide sind für das Glück des anderen mitverantwortlich. Der Mittelfinger regelt: **Bestiehl andere nicht.** Kein Mensch hat das Recht, einem anderen etwas wegzunehmen. Beim Ringfinger sollen sich vor allem die Erwachsenen merken: **Sag vor Gericht die Wahrheit,** damit kein Unschuldiger bestraft wird. Und der kleine Finger bedeutet: **Sei auf nichts aus, was anderen gehört.** Denn Neid und Gier machen den Menschen schlecht und verhindern, dass man in Frieden miteinander auskommt.

Auf der rechten Hand stehen jetzt fünf der Zehn Gebote. Male mit einem goldfarbenen Stift auf die rechte Hand ein Gesicht: Zwei Augen, eine Nase und einen Mund. Und der Mund sagt jetzt: »Meine Gebote gelten für alle Menschen. Sie sind die Gebote der Menschlichkeit und erklären eine einfache Regel: Was du nicht willst, das man dir tut, das füge auch keinem anderen zu. Oder anders gesagt: Was du willst, das man dir tut, das tue auch den anderen.« Diese Regel wird auch die **goldene Regel** genannt, deshalb die Farbe Gold. Sie fasst die genannten fünf Gebote zusammen. Sie sollen dafür sorgen, dass das Zusammenleben der Menschen möglichst gut funktioniert.

Nun die linke Hand. Der linke Daumen steht für: **Glaub an keine anderen Götter außer an den einen Gott.** Es gibt nur einen Gott, das ist wichtig. Früher gab es Könige, wie den Pharao, die sich selbst zum Gott gemacht haben. Sie wollten, dass ihnen alle gehorchen. Es darf sich aber kein Mensch mit Gott vergleichen. Auch die mächtigen Männer und Frauen sind vor Gott verantwortlich. Der linke Zeigefinger zeigt an: **Mach dir keine Bilder von Gott.** Dem Gott der Bibel ist die Freiheit der Menschen deshalb so wichtig, weil er selbst frei ist und das auch bleiben möchte. Bilder von ihm führen leicht dazu, dass sich die Menschen Gott wie einen Menschen vorstellen. Damit machen sie sich aber ein falsches Bild von ihm und er kann leicht für die Ziele der Menschen missbraucht werden. Der Mittelfinger sagt: **Geh mit dem**

Namen Gottes nicht gedankenlos um. Wenn es keine Bilder von Gott geben soll, wird der Name Gottes für die Vorstellungen der Menschen umso wichtiger. Der Name von Gott lautet Jahwe, das heißt »Ich bin, der ich bin« oder »Ich bin da«. Über Gottes Namen habt ihr ja schon viel erfahren. Gott will eine Beziehung zu den Menschen eingehen. Er ist für sie da. Aber Gott bleibt auch ein Geheimnis, weil er ganz anders ist als der Mensch. Deshalb soll dieser Name ehrenvoll behandelt werden. Der linke Ringfinger steht für: **Halte einen Feiertag pro Woche.** Auch Arbeit kann Menschen unfrei machen, manchmal sogar auffressen. Menschen brauchen regelmäßig Zeit für Gott. Der freie Tag ist auch wichtig zur Erholung, für die Familie, zum Nichtstun, zum Spielen, für Kunst und Musik und für andere Dinge, die Spaß machen, bei denen man sich frei fühlt und zu sich selbst kommt. Der kleine Finger der linken Hand schließlich richtet sich wieder besonders an die Erwachsenen: **Achte deine Eltern, wenn sie alt geworden sind.** Alte Menschen können sich oft nicht mehr selber helfen, sie brauchen Hilfe. Jetzt ist es an den Kindern, die Eltern zu versorgen. Auch diese Kinder werden einmal alt und brauchen dann wiederum die Hilfe von ihren eigenen Kindern.

Das ist der Inhalt der Zehn Gebote. ***Aber woher kommen sie eigentlich?*** In der Bibel wird es so erzählt:
Die Israeliten wurden von den Ägyptern verfolgt, auf der Flucht litten sie Durst und Hunger. Doch ihr Gott half

ihnen immer wieder aus der Patsche. Schließlich kamen sie tief im Süden der Halbinsel Sinai an einen Berg und schlugen dort ihre Zelte auf. Gott verkündete ihnen zuerst selbst die Zehn Gebote mit eigener Stimme. Dann stieg ihr Anführer Mose auf den Berg, um persönlich mit Gott zu reden. Er kehrte nach 40 Nächten mit zwei steinernen Tafeln zurück, auf denen wohl die Zehn Gebote standen. Aus Wut warf er die aber gleich wieder auf den Boden und zertrümmerte sie.

Warum er so wütend war? Na ja, das ist wie mit den Klassenregeln. Am Anfang funktionieren die überhaupt nicht, weil sich noch keiner an sie hält. Und am schlimmsten war das mit dem Bild von Gott. Als Mose vom Berg runterkam, sah er, dass sich sein Volk ein Bild von Gott gemacht hatte, und zwar ein **goldenes Kalb.** Die Israeliten hatten in seiner Abwesenheit ein goldenes Kalb gegossen und damit das Gebot **Mach dir keine Bilder von Gott,** das ihnen kurz zuvor bekannt gegeben worden war, einfach ignoriert. Mose ist aber später wieder auf den Berg gestiegen und mit zwei neuen Tafeln heruntergekommen.

Die Klassenregeln funktionieren nur, wenn alle sie einhalten. Und erst dann kann man feststellen, dass es durch sie einfacher ist, miteinander auszukommen. Es haben nicht mehr nur die Lauten das Sagen, es gibt weniger Stress und alle haben mehr Spaß miteinander. Und so ist das auch mit den zehn großen Freiheiten.

Wie sind die Jesus-geschichten entstanden?

Wenn es zur Zeit von Jesus, also vor etwa 2000 Jahren, schon Nachrichten gegeben hätte, dann hätten sich diese vielleicht so angehört: »Israel besetzt – römische Truppen in Jerusalem«; »Kreuzigung – Wurde ein Unschuldiger hingerichtet?« Natürlich gab es damals weder Zeitungen noch Radio, schon gar nicht das Fernsehen oder Internet, trotzdem verbreitete sich die Geschichte von Jesus im ganzen Römischen Reich. ***Wer war dieser Mann und wie wurden seine Geschichten bekannt?***

Jesus wurde in Israel geboren. Seine Eltern waren Juden, sie hießen Maria und Josef. Sein Vater war Zimmermann und auch Jesus erlernte diesen Beruf. Jesus hatte viele Brüder und Schwestern. Zusammen wohnten sie in einem kleinen Dorf mit Namen **Nazareth** in einem Landesteil von Israel, den man **Galiläa** nennt. Der römische Kaiser hielt Israel damals mit seinen Soldaten besetzt. Einige Juden kämpften gegen die römische Besatzung mit langen Dolchen, deshalb wurden sie **Dolchträger** genannt. Sie versteckten sich in den Bergen von Galiläa.

Jesus soll sich schon als Kind sehr für Gott interessiert haben und die Erwachsenen staunten über sein Wissen. Aber erst nach seiner Begegnung mit Johannes begann er, den Menschen von Gott zu erzählen. Johannes trägt den Beinamen »der Täufer«, weil er Menschen getauft hat, die sich zu Gott bekennen und ihr Leben ändern wollten. Auch Jesus ließ sich von ihm im Fluss Jordan taufen. Später wurde Johannes enthauptet: Er hatte Herodes, den Fürsten von Galiläa, kritisiert, weil er sich nicht an die Gesetze Gottes hielt. Jesus war damals etwa 30 Jahre alt. Als Wanderprediger begann er nun, öffentlich von Gottes Reich zu erzählen. Viele Menschen schlossen sich Jesus an, die später seine Freunde wurden: Männer wie **Petrus** der Fischer und sein Bruder **Andreas.** Frauen wie **Maria** aus dem Dorf Magdala und **Johanna,** die reiche Frau eines jüdischen Beamten. Auch ein Widerstandskämpfer gegen die Römer wurde ein Freund Jesu. Er hieß **Simon.**

Weil er sehr spannend erzählen konnte, wurde Jesus gern zum Essen eingeladen. Er kannte die heiligen Schriften und redete von Gott wie von einem guten Vater, der sich um jeden Menschen kümmert. In Gottes Namen heilte er auch Kranke und erzählte Geschichten von seinem

Reich, das so ganz anders war als die brutale Herrschaft der Römer. Doch Jesus predigte keinen Hass wie die Dolchträger, sondern die Liebe: Nur die Liebe kann aus einem Feind einen Freund machen, lehrte er.

Nachdem Jesus nach Jerusalem gereist war und den Tempel besucht hatte, wurde es für ihn gefährlich. Er war mit den Priestern und Händlern dort in Streit geraten. Er hatte ihnen vorgeworfen, dass sie aus dem Tempel eine Räuberhöhle gemacht hätten und Gott missbrauchten, um selbst Geld zu verdienen. Die Priester ließen Jesus daraufhin in der Nacht verhaften. Einer seiner Begleiter, Judas, hatte ihnen für Geld verraten, wo sich Jesus aufhielt. Jesus wurde zu Pontius Pilatus gebracht, dem Befehlshaber der römischen Truppen. Pilatus machte kurzen Prozess, ließ ihn auspeitschen und an ein Kreuz nageln. Der Ort, an dem das Kreuz aufgestellt wurde, hieß **Golgatha,** die Schädelstätte. Das war ein Hügel vor den Toren von Jerusalem. Hier starb Jesus an einem Freitag im jüdischen Frühlingsmonat Nissan, nach unserem Kalender im April des Jahres 30 oder 31.

Dann geschah etwas ganz Ungewöhnliches: Gott ließ Jesus nicht im Grab liegen, sondern weckte ihn nach drei Tagen wieder vom Tod auf. Drei Frauen fanden das Grab offen vor – ohne Leichnam. Und Reisende erzählten davon, dass sie Jesus gesehen und mit ihm gegessen hätten. Dann soll er sich auch seinen Freunden gezeigt haben. Schnell verbreitete sich diese Botschaft von Jesus: Er hat

den Tod besiegt, hieß es, und dann ist er von Gott in den Himmel aufgenommen worden. Die Christen nennen das, was damals geschah, Auferstehung. Die Erinnerung daran wird jeden Sonntag in der Kirche gefeiert und ganz besonders am Osterfest.

In der Bibel wird erzählt, dass sich die Freunde von Jesus nach seinem Tod versteckt hielten, weil sie Angst hatten, selbst verhaftet zu werden. Nachdem Jesus sich ihnen gezeigt hatte, kamen sie aus ihren Verstecken heraus und erzählten davon, dass Jesus lebt und was sie mit ihm in Jerusalem erlebt hatten.

So entstand die Geschichte von Jesu letzten Tagen in Jerusalem, der Auseinandersetzung im Tempel, dem gemeinsamen Essen am letzten Abend vor seiner Verhaftung, der Verhaftung selbst, seinem Tod und der Auferstehung. Diese Geschichte wird heute die Passions- oder Leidensgeschichte Jesu genannt.

Seine Freunde und Weggefährten erinnerten sich auch an die Worte und Geschichten, die Jesus selbst erzählt hatte auf dem Weg von Galiläa nach Jerusalem. Der eine erinnerte sich noch an einen treffenden Vergleich, den Jesus gezogen hatte. Der andere konnte noch Worte aus einer Rede von ihm auswendig zitieren. So entstand unabhängig von der Passionsgeschichte auch eine Quelle von Sprüchen und Erzählungen von Jesus, die heute einfach mit dem Buchstaben Q bezeichnet wird.

Bevor die letzten Menschen starben, denen Jesus noch begegnet war, wurden die Worte und Erinnerungen an ihn aufgeschrieben. Kurze schriftliche Sammlungen wurden angelegt, die Gleichnisse und Wunderberichte enthalten. Sie erzählen auch von Jesu Tod und seiner Auferweckung. Das erste Erzählbuch über Jesus entstand zu einem Zeitpunkt, als die Römer im **Jahr 70** Jerusalem völlig zerstörten. Alle Juden und auch die Anhänger Jesu mussten fliehen. Der heilige Tempel der Juden und das Grab Jesu wurden verwüstet. ***Was blieb jetzt vom jüdischen Glauben noch übrig, wenn es den Tempel, in dem Gott besonders verehrt wurde, nicht mehr gab?*** Da fügte ein Mann namens **Markus** wie ein Schriftsteller einige Berichte von Jesus zu einer Erzählung zusammen. Sein Buch beginnt mit Jesu Taufe durch Johannes, während der sich der Himmel öffnet und Gott zu Jesus spricht: »Du bist mein lieber Sohn.« Dann erzählt Markus, was Jesus auf seiner Wanderung nach Jerusalem alles erzählt und erlebt hat. Die Leidensgeschichte mit Jesu Tod ist der wichtigste Teil des Buches.

Markus schreibt für seine Gemeinde, die sich im Nachbarland von Israel, in Syrien, gegründet hat. Unter dem Eindruck der Zerstörung des Tempels in Jerusalem und des Krieges zwischen Juden und Römern erzählt er von der frohen Botschaft, dass Jesus den Tod überwunden hat. Gottes Ort ist jetzt nicht mehr der Tempel von Jerusalem. Wer an Jesus glaubt, der in Wahrheit Gottes Sohn ist, gehört selbst zu Gott. Die Jesuserzählung von Markus

wird Evangelium genannt. Das griechische Wort »eu-angelium« bedeutet »gute Nachricht«. Die Brutalität der römischen Soldaten sollte nicht das letzte Wort haben.

Nach dem Markus-Evangelium entstehen noch drei weitere Evangelien. Auch **Matthäus** und **Lukas** schreiben, zehn bis zwanzig Jahre nach Markus, für ihre eigenen Gemeinden die Lebens- und Leidensgeschichte von Jesus auf. Als Vorlage dienen ihnen das Evangelium von Markus und die Sammlung der Worte Jesu, die man »Q« nennt. Doch sie greifen auch auf andere Berichte zurück, die Markus nicht kannte und die auch nicht in »Q« stehen. Diese Erzählungen von Jesus nennt man das Sondergut. Matthäus und Lukas vervollständigen die Erzählungen des Markus und berichten zum ersten Mal über die besonderen Umstände von **Jesu Geburt.** Wenn Jesus der Sohn Gottes ist, erklären sie, dann braucht er keinen leiblichen Vater, der ihn gezeugt hat. Weil er aber ein Mensch gewesen ist, muss er von einer jungen Frau geboren worden sein, seiner Mutter Maria.

Um das Jahr 100 herum entsteht das vierte Evangelium. Wir wissen nicht genau, wer es geschrieben hat, aber die Schreiber berufen sich auf einen Jünger, den Jesus sehr gern gehabt haben soll: seinen Freund **Johannes.** Deshalb trägt das Evangelium auch diesen Namen. Jesus erscheint hier, anders als bei Markus, Matthäus und Lukas, viel geheimnisvoller. Gott selbst soll in Jesus vom Him-

mel auf die Erde gekommen sein und diese dann wieder verlassen haben. Das heißt: Wenn Jesus spricht, dann redet Gott selbst. Deshalb wird Jesus im Johannes-Evangelium auch als **Logos** bezeichnet, als »Wort« Gottes. Mit dem Johannes-Evangelium werden die Geschichten über Jesus abgeschlossen. Ihr findet alle vier Evangelien am Anfang des Neuen Testaments.

Es gibt auch drei Schriftsteller, die keine Anhänger Jesu waren und trotzdem in ihren Büchern von ihm berichtet haben. Das sind der Jude Flavius Josephus und die Römer Tacitus und Sueton. Bei Flavius Josephus werden die Christen zum ersten Mal als eigene Religionsgemeinschaft genannt. Sein Buch über die Geschichte der Juden ist um 93 nach Christus erschienen, der Titel lautet auf Lateinisch »Antiquitates Judaica«.

In den Medien gibt es eine Regel: Nur schlechte Nachrichten sind gute Nachrichten. Das bedeutet, dass die Menschen sich in erster Linie für schlechte Nachrichten interessieren. Aus diesem Grund wird kaum von guten Nachrichten berichtet. Für die Geschichten von Jesus gilt das nicht. Das sind gute Nachrichten, die Menschen auf der ganzen Welt Hoffnung geben.

Was geschieht in einer Synagoge?

Es ist gar nicht so einfach, in Deutschland eine Synagoge zu finden. Vor 1933 war das anders. Da gab es in fast jeder größeren Stadt eine Synagoge. Es lebten über eine Million Juden in Deutschland. Fast in jeder Schule gab es jüdische Kinder. Nach 1933 begannen die Menschen in Deutschland, die Juden zu verfolgen. Der Hass wurde immer schlimmer. In der Nacht vom 10. auf den 11. November 1938 wurden überall Synagogen angezündet und zerstört. Heute gibt es 102 000 Juden in Deutschland. Einige Synagogen sind wieder aufgebaut worden.

→ Die Synagoge unterscheidet sich nur wenig von einer Kirche. Das hebräische Wort für Synagoge heißt **Bet Knesset,** das bedeutet: Haus der Versammlung. Jüdische Menschen kommen dort am siebten Tag der jüdischen Woche, am **Sabbat,** zum Gottesdienst zusammen. Er beginnt am Freitagabend mit dem Son-

Synagoge, Budapest (Ungarn). Sie gilt als die größte Synagoge Europas.

nenuntergang und endet am Samstagabend – wieder mit dem Sonnenuntergang. Am Sabbat kommt die Familie zusammen, man singt, betet und feiert gemeinsam den **Tag der Ruhe.** Er entspricht dem Sonntag bei christlichen Familien.

Wer regelmäßig die Synagoge besucht, bekommt einen eigenen Platz mit seinem Namensschild. In einem Schränkchen befinden sich das Gebetbuch und ein großes viereckiges Tuch. Das Tuch ist weiß mit blauen Streifen an den Rändern, heißt **Tallit** und wird als Gebetsschal benutzt. Dieser Schal wird vor dem Gottesdienst umgelegt, als Zeichen der Achtung vor Gott. Beim Beten tragen die Männer neben dem Tallit auch noch ein Käppchen auf dem Kopf, das **Kippa** genannt wird, und Gebetsriemen, die **Tefillin.** Daran befinden sich kleine Kästchen, die mit den Riemen um den Kopf und die Arme gewickelt werden. Die Kästchen enthalten Pergamentrollen mit vier Texten aus der Tora. Sie werden in der Nähe des Herzens und auf der Stirn getragen und zeigen, dass der Gläubige mit seinem Herzen und seinen Gedanken ganz bei Gott sein soll.

Im vorderen Teil der Synagoge befindet sich ein Schrank, dessen Tür durch einen schön bestickten Vorhang verhüllt wird. Dort werden Schriftrollen verwahrt. Die Schriftrollen enthalten eine heilige Schrift des jüdischen Glaubens. Sie gelten auch für Christen und ihr kennt sie unter dem Namen **fünf Bücher Mose.** In der jüdischen Sprache werden sie Tora, die Lehre, genannt. Der wichtigste Moment im jüdischen Gottesdienst ist, wenn die Torarolle aus dem Schrank geholt und feierlich zum Lesepult getragen wird. Dann stehen die Menschen auf und begrüßen die Tora. Aus ihr wird ein kurzer Text vorgelesen oder vorgesungen. Das ist nicht leicht, denn die Schriftrollen sind auf Hebräisch geschrieben und werden nach einer alten Melodie vorgesungen.

Was ist eigentlich eine Schriftrolle? Früher, als man noch keine Bücher mit einzelnen Seiten kannte, wurden die Texte auf ein langes Band geschrieben. Das könnt ihr euch wie eine Tapetenrolle aus einer langen Bahn Papier vorstellen. Um eine Rolle zu bekommen, mussten einzelne Blätter zusammengeklebt werden. Diese Blätter bestanden aber nicht aus Papier, sondern aus **Pergament.** Pergament ist ganz fein und wird aus weich gegerbtem Fell hergestellt. Die langen Pergamentbahnen werden zusammengerollt und haben an ihren Enden Holzgriffe, mit denen immer ein Stück weitergerollt und -gelesen werden kann. Damit die Schriftrolle nicht verschmutzt wird, darf man das Pergament nicht berühren. Weil sie sehr wertvoll sind, werden die Rollen in ein kostbares Tuch eingeschlagen und im **Toraschrank** aufbewahrt, der nur zum Gottesdienst geöffnet wird.

Die Buchstaben auf der Schriftrolle sehen ganz anders aus als unser ABC. Es ist eine wunderschöne Schrift, die mit Hand Spalte für Spalte auf die Rollen geschrieben wurde. Ihr könnt ja mal ein paar Buchstaben abmalen. Fangt mit dem **Aleph** א an, dann das **Beth** ב und das **Gimel** ג. Die Buchstaben werden anders als bei uns von rechts nach links gelesen. Im Laufe eines Jahres wird die ganze Torarolle einmal durchgelesen, von hinten nach vorne. Zum Vorlesen wird eine Zeigehand **(Jad)** benutzt. Das ist ein vergoldetes Stöckchen, auf das eine Hand mit ausgestrecktem Zeigefinger gesteckt wird. Damit kann der Vorleser den Buchstaben folgen, ohne sie zu berühren.

Der Toraschrank steht an der Wand, die nach **Osten** zeigt. So können die Menschen in der Synagoge in Richtung Jerusalem beten. Hier stand vor 2000 Jahren noch die »Mitte Israels«, der jüdische Tempel, der aber,

wie ihr schon wisst, im Jahr 70 nach Christus von römischen Truppen zerstört wurde.

Heute gibt es an dieser Stelle nur noch einen Mauerrest von 45 Metern Länge und 18 Metern Höhe. Er ist das größte Heiligtum für die Juden aus der ganzen Welt. Hier beten und klagen sie über das viele Leid, das jüdischen Menschen widerfahren ist, und rufen Gott um Hilfe an. Deshalb wird der Mauerrest auch **Klagemauer** genannt. An die Zerstörung des Tempels erinnert in der Synagoge auch ein prächtiger Kerzenleuchter mit sieben Armen. Das ist die **Menora,** eine Nachbildung des Leuchters, der zusammen mit dem Tempelschatz von den Römern geraubt wurde und seither verschwunden ist. Der siebenarmige Leuchter ist ein wichtiges Zeichen für das Volk Israel.

Nach der Zerstörung Jerusalems durch die Römer lebten die Menschen mit jüdischem Glauben im ganzen Römischen Reich. Seit 1 700 Jahren gibt es jüdische Gemeinden in Deutschland. Die erste war in Köln. Heute gibt es noch große jüdische Gemeinden in Berlin, Darmstadt, Frankfurt oder München. Versucht doch mal mit eurer Klasse herauszufinden, wo in eurer Stadt früher die Synagoge stand. Am 11. November erinnern Gedenkfeiern an die traurige Nacht, in der fast alle Synagogen in Deutschland zerstört wurden.

Warum tragen Juden beim Beten einen Hut oder eine Kappe?

Ein kleines Käppchen ist ein Erkennungszeichen für einen Juden, der seinen Glauben sehr ernst nimmt. Bei uns ist es oft nicht so gerne gesehen, wenn man im Unterricht eine Baseballkappe oder Mütze von seinem Lieblingsverein trägt. Es ist eher ein Zeichen von Achtung und Respekt, seine Kopfbedeckung abzunehmen. Das gilt auch in der Kirche.

In der orientalischen Kultur ist das anders: Dort ist es Brauch, gerade zu besonderen Anlässen eine Kopfbedeckung zu tragen. Das hängt einerseits mit der Sonne zusammen, die den ganzen Tag über sehr stark scheint und gegen die man sich schützen muss. Andererseits sieht eine schöne Kopfbedeckung auch schick aus und zeigt, dass man zu einer bestimmten Gruppe gehört. Das ist wie bei der Polizistenmütze: Sie zeigt, dass der Träger eine besondere Pflicht erfüllt.

Ein frommer Jude betet drei Mal am Tag zu Jahwe: am Morgen, am Nachmittag und am Abend. Gebetet wird zusammen mit anderen Juden in der Synagoge oder zu Hause in der Familie. Vor dem Beten ist es Brauch, sich das kleine Käppchen auf den Kopf zu legen. Es sieht aus wie ein rundes, schön besticktes Stück Stoff und heißt **Kippa.** Der gläubige Jude zeigt mit der Kippa, dass er bereit ist, Gottes Regeln für den Menschen zu erfüllen.

Die Pflicht zur Kopfbedeckung besteht nur für Jungen ab dem 13. Lebensjahr und für Männer. Frauen haben ohnehin schöne und manchmal auch sehr lange Haare, die den Kopf bedecken. Es gibt aber auch den Brauch, dass Frauen in der Synagoge eine Perücke tragen. Sehr fromme Juden tragen sogar den ganzen Tag über eine Kopfbedeckung. Sie sind an ihrem Hut, einem langen Bart, den kurzen Haaren und den Locken an ihren Schläfen zu erkennen. So sahen die Juden im 17. Jahrhundert in Polen

aus. Diese Gruppe wird auch **Chassidim** oder orthodoxe Juden genannt. Bei ihnen tragen auch die kleineren Jungen den ganzen Tag über eine dunkle Kippa, auch beim Fußballspielen oder Essen.

Wenn ihr eine jüdische Synagoge besucht, dann wundert euch also nicht, wenn der Rabbi euch vor der Eingangstür auffordert, euren Kopf zu bedecken. **Rabbi** heißt übersetzt Wegweiser. Er achtet darauf, dass die jüdischen Vorschriften und Gesetze eingehalten werden.

Wenn ihr eine christliche Kirche betretet, müsst ihr eure Mütze abnehmen. In der Synagoge ist das anders, da seid ihr nur dann korrekt gekleidet, wenn ihr etwas auf dem Kopf tragt. Auch wenn jemand kein Jude ist, zeigt er mit der Kippa seinen Respekt vor der Religion der Juden.

Also: Hut auf zum Gebet!

Warum heißt es: »Das ist nicht ganz koscher?«

Ein Stück Fleisch auf dem Teller zu haben, aus dem noch Blut herausläuft, das finden viele Menschen ein bisschen eklig. Man hat das Gefühl, dass etwas nicht stimmt. Zumindest ist es nicht gut durchgebraten. Ein Jude würde dieses Fleisch gar nicht essen: Weil es noch blutig ist und damit »unrein«, wäre es für ihn nicht koscher. Auch ein Muslim dürfte es aus religiösen Gründen nicht essen. Der Satz »Das ist doch nicht ganz koscher« drückt also aus, dass einem etwas seltsam, komisch oder verdächtig vorkommt. Seine Wurzel hat **koscher** im Hebräischen, der Sprache des jüdischen Volkes. Hier wird es gebraucht, wenn man eine Sache als rein, gut oder sauber bezeichnen will.

Das bekannteste Beispiel ist das **Schweinefleisch.** Jüdische und muslimische Kinder dürfen keine Bratwürstchen essen, weil Schweine im Orient als unreine Tiere gelten. Sie können Krankheiten auf den Menschen übertragen. Deshalb werden sie bei uns nach dem Schlachten auch von einem Tierarzt ganz genau nach Würmern untersucht, die so aussehen wie kleine Fäden und Trichinen genannt werden. Doch diese Möglichkeiten gab es noch nicht, als die jüdischen Speisegesetze, die **Kaschrut,** aufgeschrieben wurden. Schweinefleisch gilt daher als nicht koscher. Die hygienischen Bedingungen waren auch viel schlechter als heute, und es gab noch keine Kühltruhen, die Fleisch länger haltbar machten. Koscher hat etwas mit einer gesunden Lebensweise zu tun.

Die Kaschrut findet ihr in der Tora. Sie ist das heilige Buch der Juden und besteht aus den fünf Büchern Mose. Im dritten Buch Mose wird dem jüdischen Volk erklärt, welche Speisen rein sind und welche nicht. Man darf das Fleisch von Schafen, Ziegen, Hühnern, Tauben, Enten und Gänsen problemlos essen, wenn sie richtig geschlachtet werden. Dafür wird mit einem Messer die Halsschlagader durchtrennt. Das Fleisch muss ganz ausgeblutet sein, bevor es zum Verzehr vorbereitet wird. Diese Form des Schlachtens heißt Schächten und findet sich auch im Islam. Durch Einsalzen oder Braten wird sichergestellt, dass kein Blut mehr vorhanden ist. ***Aber warum darf das Fleisch eigentlich nicht mehr blutig sein?*** Im fünften Buch Mose steht: »Eins müsst

ihr beachten: Ihr dürft niemals Fleisch essen, in dem noch Blut ist; denn im Blut ist das Leben.« Dazu muss man wissen, dass das Wort »Blut« in der hebräischen Sprache auch »Leben« bedeutet. Im Blut befindet sich die Lebenskraft eines Tieres.

Auch wenn nicht alles ungesund ist, was in den Speisegesetzen steht, werden die Speiseregeln eingehalten. Als unrein gelten zum Beispiel Fische, die keine Schuppen und Flossen haben, und auch Schalentiere wie Krebse.

Für den frommen Juden ist koscheres Essen vor allem Ausdruck seines Glaubens und das Zeichen, dass er bereit ist, die Vorschriften der Tora auch einzuhalten.

Doch das Wort »koscher« wird nicht nur für Essen verwendet. Auch die Art und Weise der **Zubereitung von Speisen** muss koscher sein. So dürfen Milch und Fleischprodukte nur getrennt zubereitet und nicht zusammen verzehrt werden. Ein Burger mit Milchshake ist absolut nicht drin. Milchprodukte dürfen erst dann gegessen werden, wenn das Fleisch verdaut worden ist. Das gilt auch anders herum: Wenn es zum Abendbrot Käse gibt, darf erst nach drei Stunden wieder Wurst gegessen werden. Daher kommen auch die Vorschriften für das getrennte Küchengeschirr, denn auch Töpfe, Teller und Bestecke werden in frommen jüdischen Familien getrennt aufbewahrt. Dafür gibt es sogar zwei Küchen.

Auch wenn es keine gesundheitlichen Gründe für diese Vorschriften gibt, so haben sie doch den Sinn, den eigenen Körper zu beherrschen. Nicht alles, worauf man Lust hat, muss auch gleich gegessen werden. Die Bedeutung des Essens und auch des Geschmacks ist viel größer, wenn eins nach dem anderen verzehrt wird. Wird ein Tier geschlachtet, erlischt ja ein Leben, und auch die Milch kommt nicht aus einer Fabrik, sondern von einem Lebewesen. Bewusst essen gehört zum Judentum dazu.

Außerdem spielt die Reinheit nicht nur aus gesundheitlichen, sondern auch aus religiösen Gründen beim jüdischen Volk eine große Rolle. Neben den Speisegesetzen ist deswegen auch festgesetzt, wie oft und wann sich Menschen waschen sollen. Ihr kennt diese Regel vielleicht auch: »Vor dem Essen – Händewaschen nicht vergessen!«

Für eine jüdische Mutter ist es ganz schön anstrengend, all diese Vorschriften zu erfüllen. Aber wie man an den Beispielen sehen kann, dienen die meisten Regeln dazu, dass die Menschen gesund bleiben und sich gesund ernähren. Außerdem gibt es viele andere leckere Speisen, die nach Herzenslust und mit viel Freude gegessen werden dürfen. So gilt für Obst und Gemüse: Das ist ganz bestimmt koscher! Nur die Würmer, die sich im Apfel oder zwischen den Salatblättern versteckt halten, dürfen nicht gegessen werden. Aber die sind sowieso eklig.

Was ist ein Davidstern?

Jedes Land auf der Erde hat eine Fahne. An den Farben und den Zeichen auf der Fahne kann man das Land erkennen. In Deutschland hat die Fahne drei Streifen in den Farben Schwarz, Rot und Gold. Auf der Flagge des Staates Israel ist ein blauer sechszackiger Stern auf weißem Untergrund zu sehen: der Davidstern. Auch in Deutschland tragen manche Menschen den Stern als Anhänger an einer Kette wie andere ein Kreuz.

Als 1948 der Staat Israel gegründet wurde, ist der Davidstern in die Staatsflagge übernommen worden. Er ist ein Zeichen dafür, dass sich die Menschen in Israel zum jüdischen Glauben bekennen. Die Farben Blau und Weiß stehen für den Himmel und die Wüste und erinnern an Mose: Er rettete die Israeliten aus der Gefangenschaft der Ägypter und brachte sie nach Israel. Das war ein langer Weg durch die Wüste. Es wird erzählt, dass die Israeliten dafür 40 Jahre gebraucht haben sollen.

Israelische Flaggen vor der Klagemauer, Jerusalem

Aber wie kam der Stern zu seinem Namen? In hebräischer Sprache heißt er auch **Davids Schutzschild.** Ob Davids Schild wirklich diese Form hatte, wissen wir nicht. Aber David war vor 3 000 Jahren ein sehr wichtiger Mann in Israel: Als König musste er viele Feinde abwehren, die Israel angreifen wollten. Sicher habt ihr schon einmal von seinem Sieg über den starken Goliath gehört. In einem Lied, das David geschrieben haben soll, heißt es: »Gott ist meine Stärke und mein Schild.«

Der Davidstern erinnert also an die Geschichten des Königs David und an eine Zeit voller Kämpfe, in denen sich das Volk Israel wie durch ein Schild von seinem Gott beschützt fühlte.

Das älteste Bild von einem Davidstern haben Archäologen gefunden, als sie die alte israelische Stadt Sidon ausgegraben haben. Hier war das Bild auf einem Siegel zu sehen, das im siebten Jahrhundert vor Christus benutzt wurde. Weil der Davidstern so schön aussah, wurde er später auch zur Verzierung von Lampen benutzt oder zur Dekoration in Kirchen. Nicht nur Juden, auch Christen und Muslime trugen den Davidstern als Amulett um den Hals. Er soll magische Kräfte haben und die Menschen vor bösen Geistern und Dämonen beschützen.

Auf einer Fahne wurde der Davidstern erstmals in der Hauptstadt des heutigen Tschechien, in Prag, verwendet. Im Jahr 1354 gewährte Kaiser Karl IV. der jüdischen Bevölkerung in der Stadt eine eigene Flagge. Sie wurde **König Davids Flagge** genannt und auf ihr war bereits der Davidstern abgebildet.

Aber wofür steht der Stern? Schauen wir ihn uns einmal genauer an. Er wird wegen seiner sechs Ecken auch Hexagramm genannt, denn »hexa« bedeutet im Griechischen »sechs«. Und das Hexagramm besteht aus zwei ineinander geschobenen Dreiecken. Einen Davidstern könnt ihr ganz einfach aus zwei Dreiecken basteln.

Ihr malt zwei gleich große Dreiecke auf eine Pappe und schneidet sie aus. Legt ihr beide Dreiecke versetzt übereinander, entsteht der Davidstern.

Er ist ein Zeichen für die enge Verbindung zwischen Gott und den Menschen, zwischen Himmel und Erde.

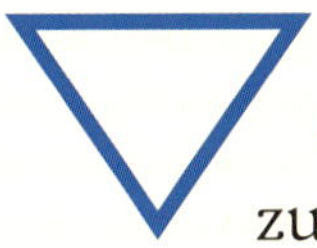

Das erste Dreieck ist das Zeichen für den **Himmel** und für **Gott.** Seine Spitze weist nach unten zur Erde und zu den Menschen.

Das zweite Dreieck steht für die **Erde** und für die **Menschen.** Seine Spitze zeigt nach oben zum Himmel und zu Gott.

Der Stern muss jetzt sechs gleich große Ecken haben. Ihr könnt den Davidstern auch in ein Sechseck und sechs einzelne Dreiecke zerteilen, indem ihr einfach die Ecken des Sterns abschneidet.

Nun erinnert der zerteilte Stern an die **Schöpfungsgeschichte,** wie sie am Anfang der jüdischen Tora und dem ersten Buch Mose im Alten Testament steht. Hier wird erzählt, dass Gott die Welt in sieben Tagen erschuf.

Die sechs kleinen Dreiecke stehen für die Werktage, an denen Gott die Welt erschaffen hat und an denen auch heute viele Menschen arbeiten müssen.

Das Sechseck steht für einen besonderen Tag in der Woche: An diesem Tag ruhte Gott aus. Es ist ein Feiertag. Auch wir sollen uns an diesem Tag von den Mühen der Woche ausruhen. Im Judentum ist dieser Tag der Samstag. Er wird **Sabbat** genannt. Im Christentum ist der Sonntag der freie Tag.

Leider verbindet sich für uns in Deutschland mit dem Davidstern auch eine sehr traurige Geschichte: Mit dem Ausbruch des Zweiten Weltkriegs wurde die Situation der Juden in Deutschland immer gefährlicher. Sie mussten um ihr Leben fürchten, weil sie für die großen wirtschaftlichen Probleme verantwortlich gemacht wurden. Damit wurde ihnen großes Unrecht getan, doch sie konnten sich nicht wehren. Viele Juden flohen in dieser Zeit in andere Länder, um der Gefahr zu entgehen. Die Juden, die in Deutschland blieben, mussten sich ab 1941 mit einem besonderen Symbol kennzeichnen: Ein übergroßer Davidstern war an der Kleidung anzubringen. Wegen seiner Farbe wurde er auch gelber Stern genannt. Nach dem Ende des Krieges flüchteten viele Juden in das Land, welches den Ursprung ihrer Religion darstellt: Palästina. Dort wurde 1948 der Staat Israel gegründet, der sich einen blauen Davidstern auf weißem Untergrund als Fahne wählte.

Wozu gibt es Kirchen und wie sieht es in einer Kirche aus?

In Kirchen wird viel gefeiert. Sie sind sehr groß, damit viele Menschen hineinpassen. Man kommt dort zusammen, um Gottesdienste zu feiern, Konzerte zu hören oder in Ruhe zu beten. Eine Kirche ist ein Ort, an dem man sich Gott nahe fühlt. Das Wort Kirche stammt von dem griechischen Wort **kyriake** ab, was »zum Herrn gehörendes Haus« bedeutet. Deshalb werden Kirchen auch **Gotteshäuser** genannt. Dann gibt es noch den Turm mit der Glocke, damit auch jeder die Kirche finden kann.

Bevor wir uns eine Kirche von innen ansehen, macht einmal eure Augen zu. Stellt euch vor, ihr würdet wie ein Vogel über eine Kirche fliegen. Jetzt schaut euch die Kirche von oben an: Viele Kirchen sehen aus der Vogelperspektive wie ein Kreuz aus. Sie bestehen aus einem langen Raum, der **Kirchenschiff** genannt wird, und einem kürzeren Raum, der quer durch den langen Raum geht und den man deshalb **Querschiff** nennt.

So, jetzt die Augen wieder auf. Kirchen sind nach allen vier Himmelsrichtungen gebaut. Der **Turm** steht meistens im Westen und der **Altarraum** befindet sich im Osten. Von Jesus wird nämlich ein Satz überliefert, der heißt: »Ich bin das Licht der Welt.« Und deshalb dachten sich die Baumeister, dass der Altarraum als der Ort in der Kirche, an dem besonders an Jesus gedacht wird, sich dort befinden sollte, wo die Sonne aufgeht: im **Osten.** Und nun gehen wir einmal in die Kirche hinein.

Manchmal gibt es in einer Kirche einen Vorraum. So wie der Flur bei euch zu Hause. Aber vor allem besteht eine Kirche aus einem einzigen großen Raum mit vielen Bänken oder Stuhlreihen. Das war nicht immer so. Früher gab es keine Sitzgelegenheiten, die Menschen mussten stehen oder auf den kalten Fliesen knien. Heute ist alles viel bequemer. Wenn ihr euch in eine der Bänke setzt, blickt ihr zum Altar. Das ist ein kunstvoll verzierter Tisch aus Holz oder Stein, auf dem Kerzen stehen. Der Altar ist der wichtigste Ort in einer Kirche.

San Pietro Martire, Murano (Italien)

Er ist sozusagen der Tisch Gottes, um den die Menschen sich versammeln, ein Symbol für Gottes Gegenwart.

Nahe beim Altar steht in den katholischen Kirchen ein schön verkleidetes Gehäuse, das Tabernakel genannt wird. Im Tabernakel wird das Brot für die Feier des Abendmahls aufbewahrt, die Hostie. Dieses Brot sieht aus wie Oblaten, die ihr vielleicht vom Plätzchenbacken kennt. In der Kirche sind es kleine runde Scheiben, auf denen ein Kreuz eingeprägt ist. Beim Tabernakel brennt auch ein rotes Licht, das **ewiges Licht** genannt wird und wie der Altar ein Zeichen für Gottes Gegenwart ist.

In der Kirche wird oft aus der Bibel vorgelesen – dafür braucht man ein **Lesepult,** das seitlich vor dem Altar

steht. Manchmal findet ihr so ein Pult auch an einer der vielen Säulen in der Kirche. Das schaut fast so aus wie ein großes Vogelnest und wird auch **Kanzel** genannt. Hier steht der Pastor im Gottesdienst und hält eine Rede, die **Predigt.** Von dort aus kann er in der ganzen Kirche gut verstanden werden, ohne dass er schreien muss. Die Kanzel steht höher als die Bänke, damit alle Leute in der Kirche den Pastor auch sehen können.

In jeder Kirche steht auch ein **Taufbecken.** Das ist meistens eine Metallschale, die wie ein kleines Planschbecken aussieht, in das man Wasser gießen kann. Weil eine Metallschale nicht in der Luft schweben kann, ist sie entweder in einen großen Stein, in eine Schnitzerei aus Holz oder in ein Kunstwerk aus Metall eingearbeitet. Manchmal ist über der Taufschale noch ein Deckel. Der wird nur abgenommen, wenn ein Kind getauft wird. Das Taufbecken steht gleich beim Altar, in der Nähe des Eingangs oder in einem Seitenraum. Ihr müsst es einfach suchen.

Während ihr in einer Kirche umhergeht, müsst ihr unbedingt einen Blick auf die **Orgel** werfen. Die Orgel ist ein großes Musikinstrument. So groß, dass man sie nicht mehr transportieren kann und gleich fest in die Kirche eingebaut hat. Sie hat viele Pfeifen, die wie Flöten funktionieren. Jede Pfeife kann nur einen einzigen Ton spielen. Aber wenn sie zusammen gespielt werden, kann eine große Orgel ein ganzes Orchester ersetzen. Damit die

Menschen wissen, welches Lied gesungen wird, gibt es auch Gesangbücher und eine Tafel, an der die Nummern der Lieder angezeigt werden.

Viele Kirchen haben **bemalte Glasfenster** und **Wände.** Sie zeigen Szenen aus dem Leben Jesu, der Heiligen oder aus der Bibel. Weil die meisten Menschen früher weder lesen noch schreiben konnten, waren die bunten Fenster für sie wie ein Bilderbuch, das Geschichten von Gott erzählt. Große Kirchen haben neben dem Hauptschiff und dem Querschiff auch noch einige kleine Räume. In der Sakristei, die ein wenig versteckt ist, kann sich der Pfarrer in Ruhe umziehen und sich auf den Gottesdienst vorbereiten. In einem anderen Raum hat der Küster – das ist der Hausmeister in einer Kirche – sein Werkzeug. Außerdem muss es ja auch einen Raum für die Heizung geben und bestimmt gibt es irgendwo auch eine Toilette.

Besucht doch einmal eine Kirche in eurer Nähe und fragt, ob ihr den Turm besteigen dürft. Von dort habt ihr einen schönen Blick über die Dächer eurer Stadt. Vielleicht seht ihr ja auch euer Haus.

Wieso zündet man in Kirchen Kerzen an?

Bevor wir diese Frage für euch beantworten, führt doch mal folgendes kleines Experiment durch.

Ihr braucht dazu:

1. einen abgedunkelten Raum (vielleicht den Keller)
2. eine Kerze
3. Streichhölzer oder ein Feuerzeug
4. Vater oder Mutter (zur Sicherheit).

Setzt euch in die Mitte des Raumes. Jetzt Licht aus. Es muss wirklich stockdunkel sein! Ihr dürft nicht reden oder flüstern und auch nicht kichern oder lachen, sonst wird das Ergebnis unseres Experiments verfälscht. Versucht einfach ruhig dazusitzen und schaut in die Dunkelheit. Zählt leise von 50 rückwärts, dann dürft ihr die Kerze anzünden. Tschschsch: Sie brennt.

Es kann ganz schön gruselig sein, wenn man kaum etwas sieht, oder? Hattet ihr ein wenig Angst? Wie hell scheint doch eine Kerze, wenn man längere Zeit ohne Licht ausgekommen ist. Heute kann man in der Nacht einfach zum Lichtschalter gehen. Aber früher hatten die Menschen nur **Kerzen** oder **Öllampen,** um die Dunkelheit zu vertreiben. An kalten, dunklen Abenden versammelte sich die ganze Familie und erzählte sich im Kerzenschein Geschichten. Wenn ein Mensch spät nach Hause kam, wurde für ihn eine Kerze ins Fenster gestellt, damit er den Weg besser finden konnte. Die Nachtwächter liefen mit ihren Laternen durch die Straßen, um die Schlafenden vor Räubern und Einbrechern zu beschützen. Für Pferdekutschen waren die Kerzen an den Wagen sehr wichtig, damit die Kutscher nicht vom Weg abkamen.

Licht ist für die meisten Menschen, Tiere und Pflanzen lebensnotwendig. Darum ist es auch ein Zeichen für Hoffnung: Wo Licht ist, da ist Leben. Denn wo eine Kerze brennt, ist auch jemand, der sie angezündet hat.

Aber warum zündet man in der Kirche Kerzen an?
Dafür gibt es viele Gründe. Lasst uns einmal in eine Kirche gehen und die Kerzen anschauen, die dort brennen. Bei einem Gottesdienst soll es feierlich sein. Auf dem Altar und im Kirchenraum werden deshalb Kerzen angezündet. Es gibt aber auch Kerzen, die eine ganz besondere Bedeutung haben.

Die Osterkerze ist die wichtigste Kerze. Sie ist weiß, schön verziert und ungefähr einen Meter groß. Oft könnt ihr ein rotes Kreuz aus Wachs darauf erkennen, dann die Jahreszahl und zwei griechische Buchstaben: A und Ω (Alpha und Omega). Das Kreuz ist ein Symbol für Jesus Christus und die beiden Buchstaben sind der erste und der letzte des griechischen Alphabets. Sie sind ein Zeichen dafür, dass Jesus für die Christen Anfang und Ende der Welt darstellt.

In der Osternacht entzündet der Pfarrer oder die Pfarrerin die Kerze an dem Osterfeuer, das vor der Kirche brennt, und zieht mit der Gemeinde in die dunkle Kirche ein. Laut wird auf Lateinisch **Christus ist das Licht** gerufen oder gesungen. Die Christen danken Gott und freuen sich über die Auferstehung Jesu. Der Ruf geht auf einen Ausspruch in der Bibel zurück. Dort steht, dass Jesus das Licht der Welt ist. Er bringt Hoffnung und Freude in das Leben der Menschen. Die Christen zünden ihre eigenen Kerzen an der Osterkerze an und bringen so das Licht in ihre eigenen Wohnungen und Häuser. Jeden Sonntag und an allen Feiertagen wird die Osterkerze dann angezündet, deshalb steht sie ganz vorne, in der Nähe des Altars.

Wenn Menschen in der Kirche heiraten oder sich taufen lassen, zündet man ebenfalls Kerzen an. Die Tauf- und die Brautkerze dürfen mit nach Hause genommen werden. Sie sollen für das Brautpaar oder den Täufling symbolisch den weiteren Lebensweg erleuchten, damit sie noch viele schöne Dinge erleben und gute Entscheidungen treffen. In jedem Jahr wird am Tauf- oder Hochzeitstag die Kerze wieder angezündet. Man schaut sich die Bilder des Festes an und erinnert sich an den schönen Tag. Die Tauf- und die Hochzeitskerze werden auch am Osterlicht entzündet.

Es gibt außerdem den Brauch, eine Kerze für einen anderen Menschen anzuzünden. Vielleicht weil er gerade sehr krank ist oder auch, weil etwas Schreckliches in der Welt passiert ist, zum Beispiel eine große Überschwemmung oder ein Erdbeben. Die Kerze ist ein Symbol für das Leben. Mal leuchtet sie dunkler und mal heller. Auch unser Leben ist manchmal traurig und einsam, dann wieder lustig und fröhlich.

Zündet man eine Kerze in der Kirche an und denkt dabei fest an jemanden, dann ist es fast so, als wäre diese Person ganz nahe. Die Kirche schützt die Kerze, damit sie nicht erlischt. So wie auch das Leben des Menschen, an den gedacht wird, behütet und beschützt sein soll.

Einmal im Jahr, am **Ewigkeitssonntag,** auch Totensonntag genannt, wird für die Verstorbenen eine Kerze angezündet. Die Namen der Toten werden verlesen und die Menschen gehen in die Kirche, um an sie zu denken. Danach besuchen die Angehörigen das Grab des Verstorbenen auf dem Friedhof. Eine Kerze wird angezündet und neben den Grabstein gestellt. Ihr Licht sagt, dass das Leben stärker ist als der Tod.

Nicht nur im Christentum, sondern auch in allen anderen Religionen werden gerne Kerzen angezündet. Bei den Hindus gibt es zum Beispiel **Diwali,** das Lichterfest. Die Juden haben den **siebenarmigen Leuchter** und die Buddhisten schicken **Boote mit Lichtern** über den Ganges, ihren heiligen Fluss. Und immer sind Kerzen Symbole für die Hoffnung der Menschen, für ihren jeweiligen Glauben und für ihre Verbundenheit mit Gott.

Wenn ihr das nächste Mal eine Kerze anzündet, dann denkt doch mal ganz doll an einen Menschen, der euch etwas Besonderes bedeutet. Ihr fühlt euch ihm dann sehr nahe und ihr findet selbst Ruhe zum Nachdenken. Das ist ein sehr schöner Moment, oder?

Sind Nikolaus und Weihnachtsmann Zwillinge?

Nikolaus und Weihnachtsmann sehen sich ganz schön ähnlich. Wenn sie aus Schokolade sind, kann man gar keinen Unterschied mehr erkennen. Zwillinge sind sie aber nicht, eher so etwas wie Verwandte. Kennt ihr das Wort **Metamorphose?** Das heißt übersetzt Verwandlung. Man könnte sagen: Der Weihnachtsmann ist eine Metamorphose des Nikolaus. Und wie aus dem Nikolaus der Weihnachtsmann wurde, das ist schon eine spannende Geschichte.

Nikolaus gab es wirklich. Er wurde etwa im Jahr 270 nach Christus am Mittelmeer in der heutigen Türkei geboren. Seine Eltern sollen sehr reich gewesen sein. Nikolaus wurde Priester und später als Bischof in die Stadt **Myra** geschickt, die heute Demre heißt. Die Christen hatten es zu dieser Zeit nicht leicht. Sie wurden vom Kaiser in Rom verfolgt, Nikolaus selbst warf man für einige Zeit ins Gefängnis. Heute stehen in Demre noch die Reste der alten Nikolauskirche mit einem Museum, in dem man alles über Nikolaus erfahren kann.

Von Nikolaus werden viele Geschichten erzählt, manche sind erst lange nach seinem Tod entstanden.

In allen Erzählungen hilft er Menschen, die in Not sind. Eine davon ist besonders wichtig, sie erzählt von Kindern und vom Schenken. Und die geht so: Einmal hörte Nikolaus von drei armen Mädchen, die verkauft werden sollten, weil die Eltern kein Geld mehr besaßen. Das war damals wirklich so: Die Eltern konnten ihre Kinder verkaufen. Und sie taten das auch, wenn sie ihre Kinder nicht mehr ernähren konnten. Nachts, im Schutz der Dunkelheit, ging Nikolaus zum Haus dieser armen Familie und warf drei Goldmünzen durch das offene Fenster. Dabei fiel eine der Münzen in eine Socke, die zum Trocknen aufgehängt war. Am nächsten Tag fanden die Mädchen das Geld und die Freude war natürlich riesengroß. Nun konnte die Familie die schwere Zeit durchstehen und die Töchter mussten nicht verkauft werden.

Nikolaus war ein Christ, der sich um die Nöte und Sorgen der einfachen Menschen gekümmert hat und von ihnen sehr geliebt und verehrt wurde. Er soll an einem 6. Dezember gestorben sein. Nikolaus ist ein Ehrenname: Er stammt aus dem Griechischen und bedeutet »Sieger des Volkes«. Wie Nikolaus wirklich hieß, das wissen wir nicht. Nach seinem Tod wurde er von der katholischen Kirche heilig gesprochen. Seitdem wird er **heiliger Nikolaus** genannt.

Weil er so vielen Menschen geholfen hat, wurde durch ihn das Schenken ein christlicher Brauch in der Adventszeit: In Erinnerung an die Hilfe für die drei armen Mädchen begannen die Menschen von nun an immer am 6. Dezember, dem Todestag von Nikolaus, die Kinder zu beschenken. In Süd- und Osteuropa wurde Nikolaus besonders verehrt. Um 1500 gab es mehr als 2000 Nikolauskirchen in Europa. Er ist gleich hinter Maria, der Mutter Jesu, der beliebteste Heilige überhaupt. Besonderen Schutz versprechen sich von ihm die Schiffsleute und Fischer, Getreidehändler und Apotheker und natürlich die Kinder. Die durften früher am Vorabend des Nikolaustages in den Schulen der Klöster einen »Kinderbischof« wählen, der sich als Bischof verkleidete und seine Mitschüler mit Süßigkeiten beschenkte.

Martin Luther war gegen die Verehrung von Menschen als Heilige. Im 16. Jahrhundert schaffte er die Bescherung für Kinder am Nikolaustag ab. Stattdessen sollten die

Kinder der evangelischen Christen am Geburtstag Jesu beschenkt werden, das war der 25. Dezember. Und damit brachte nicht mehr der Nikolaus die Geschenke, sondern das Christkind.

Das Christkind erinnert eher an einen Weihnachtsengel als an das Jesuskind in der Krippe. Es sieht aus wie ein junges Mädchen mit Engelsflügeln. Gesehen wird es aber selten, da es die Geschenke in aller Heimlichkeit bringt. Erst wenn es den Raum verlassen hat, erklingt von irgendwo her ein Glöckchen und das Zimmer erstrahlt im Glanz der vielen Kerzen am Weihnachtsbaum.

Ab dem 19. Jahrhundert wurden auch in katholischen Gegenden die Kinder am 25. Dezember beschenkt. Aber vom Nikolaus als Gabenbringer wollte man sich nicht trennen. In vielen Gegenden wurde der **Nikolaustag** einfach zusätzlich weitergefeiert und im Laufe der Zeit entwickelten sich um diesen Tag eigene **Bräuche:** Da werden zum Beispiel die Schuhe geputzt und vor die Tür gestellt. Neben den Schuhen steht ein Schälchen mit Keksen und dabei liegt eine Möhre. Die Kekse sind für den Nikolaus und die Möhre für seinen Schimmel, als Wegzehrung. Die beiden kommen nachts auf leisen Sohlen und füllen die Schuhe mit Geschenken und Süßigkeiten. Aber Nikolaus kommt nicht immer nur heimlich, um seine Geschenke leise in die Socken und Schuhe der Kinder zu stecken. Er kommt manchmal auch in Gestalt des eigenen Vaters, Nachbarn oder Onkels ins Haus, die sich dann als Nikolaus verkleidet haben. Zur Verkleidung gehören: eine Bischofsmütze, die **Mitra** genannt wird, ein **geschwungener Bischofsstab** und ein **roter Mantel.** Neben den Geschenken hat er auch ein dickes Buch dabei, in dem die guten und schlechten Taten der Kinder stehen. Sind die Kinder brav, gibt es Süßigkeiten und Geschenke aus dem großen Sack. Sind sie ungehorsam, gibt es manchmal die Rute. So wurde aus dem schönen Nikolaustag an manchen Orten ein Tag, vor dem sich die Kinder fürchten.

Mit der Zeit bekam der Nikolaus auch einen Furcht einflößenden Gesellen zur Seite. Er hat von Region zu Region unterschiedliche Namen: Da gibt es den **Knecht Ruprecht,** den **Krampus, Hans Muff, Belzebub** und in der Schweiz den **Schmutzli.** Sie tragen Masken, manchmal auch Ketten, und sind für die Bestrafung der Kinder zuständig. Doch die Kinder wissen heute, dass sie ihnen nur Angst machen sollen, damit sie schön brav bleiben.

Aber auch zu Weihnachten wollte man bald nicht mehr auf den guten bärtigen Mann verzichten. Die Metamorphose nahm ihren Anfang: Der Nikolaus verwandelte sich mit der Zeit in den Weihnachtsmann. Die christlichen Symbole, die Mitra und der Bischofsstab, verschwanden und der Weihnachtsmann nahm langsam seine Gestalt an. Aus der Bischofsmütze wurde eine rote, fellbesetzte Mütze und statt des Bischofsumhangs trägt der Weihnachtsmann einen roten Mantel.

Habt ihr das Buch »Der Struwwelpeter« zu Hause? Es ist aus dem Jahr 1844. Hier findet ihr die erste Darstellung des verwandelten Nikolaus im roten Mantel mit Zipfelmütze, genannt: der große Nikolas. Noch war er schlank und streng und bestrafte unartige Kinder.

Diese Figur verschmolz mit der Zeit zusammen mit dem holländischen »Sinter Klaas« zum amerikanischen »Father Christmas« oder **Santa Claus** in seinem rot-weißen Weihnachtsmanndress. Er landet mit seinem fliegenden Schlitten auf den Häuserdächern und lässt seine Geschenke durch den Kamin plumpsen. Die amerikanischen und englischen Kinder hängen ihre Strümpfe vor den Kamin, die der Weihnachtsmann dann füllt. Und das erinnert wieder an die Geschichte mit den drei Töchtern.

Die Vorstellungen und Ideen vom Weihnachtsmann haben sich in den letzten Jahren noch weiterentwickelt. Er soll hoch im Norden wohnen, in Finnland oder am Nordpol. Er transportiert die Geschenke in einem fliegenden Rentierschlitten, ist ein bisschen dicker geworden und hat rote Bäckchen bekommen. Dafür lacht er und ist sehr freundlich. Als seinen Begleiter kennt ihr sicher das rotnasige Rentier Rudolph. Das stammt allerdings von einem Weihnachtskatalog eines großen Versandhauses von 1939 und hat mit dem Nikolaus eigentlich gar nichts mehr zu tun.

Der erste **Schokoladen-Nikolaus** wurde 1820 ganz aus Schokolade geformt. Zwanzig Jahre später gab es schon den Nikolaus als Hohlkörper. Heute findet ihr aber fast nur noch Schokoladen-Weihnachtsmänner in den Regalen der Supermärkte. Aus 9 000 Tonnen Schokolade können etwa 100 Millionen Schoko-Weihnachtsmänner hergestellt werden. Heute landet die Zipfelmütze mit dem Rauschebart und dem rot-weißen Einheitsdress am 6. Dezember zusammen mit den Nüssen und Plätzchen auf dem Gabenteller. Der Schokoladen-Weihnachtsmann hat gewonnen und die richtigen Schoko-Nikoläuse mit Mitra und Bischofsstab gibt es leider nur noch ganz selten.

Feiern alle Menschen Weihnachten?

Im Dezember wird es ganz dunkel. Da kann man schon mal Angst bekommen. Deshalb werden viele Lichter angezündet und die Straßen und Häuser sind erleuchtet. Die Lichter sagen »Fürchte dich nicht!«, so wie der Engel in der Weihnachtsgeschichte.

Das Wort Weihnachten stammt von »wihen nahten« ab, das bedeutet heilige, geweihte Nächte, denn Weihnachten wird ja nicht nur an einem Tag, sondern bis zum 6. Januar gefeiert. Dabei geht der Ursprung von Weihnachten gar nicht auf die Geburt Jesu, sondern auf die Wintersonnenwende zurück. Das Weihnachtsfest ist ein **Sonnen-** und **Lichterfest.**

Am 21. Dezember findet nach unserem Kalender die Wintersonnenwende statt. Zu diesem Zeitpunkt liegt der größere Teil der täglichen Sonnenbahn unterhalb des

Horizonts. Die Sonne hat damit ihren niedrigsten Stand erreicht. Es ist kalt und sehr lange dunkel, der Winter beginnt. Und die Menschen haben schon immer Angst in der Dunkelheit gehabt, vor allem vor bösen Geistern. Vom Tag der Wintersonnenwende an werden die Tage dann endlich wieder länger und die Nächte kürzer.

Die **Germanen** feierten deshalb zur Wintersonnenwende ein Lichterfest als Geburtstagsfest für die Sonne. Mit Licht und Feuer vertrieben sie die bösen Geister. Das alte Jahr ging zu Ende und das neue Jahr begann. Die Feiern dauerten bis zum 6. Januar. Vielleicht habt ihr schon von dem Julfest gehört, das heute noch in Schweden, Dänemark und Finnland gefeiert wird und das auf diese Tradition zurückgeht. »Jul« bedeutet Rad und ist ein Bild für die Sonne. Als Höhepunkt des Festes wurde ein mit Stroh umwickeltes Wagenrad angezündet und einen Berg hinuntergerollt. Im 10. Jahrhundert wurde das Julfest dann mit dem Fest der **Geburt Jesu** verbunden. Auf vielen Plätzen und unter dem Weihnachtsbaum wird heute ein **Julbock** aufgestellt. Das ist eine Tierfigur aus Stroh, die bei den Germanen noch einen jungen Eber darstellte, der zum Julfest geopfert wurde. Auch die Rentiere des Weihnachtsmannes gehen wahrscheinlich auf den Julbock zurück. Die Weihnachtsgeschenke werden beim **Julklappen** verteilt, das immer mit einem leckeren Essen verbunden ist. Und der finnische Weihnachtsmann heißt noch immer **Joulupukki.**

Auch die **Römer** feierten das Fest des Sonnengottes, der die Dunkelheit besiegt – auf Lateinisch **sol invictus.** Allerdings nicht am 21., sondern am 25. Dezember. Das hatte der römische Kaiser Aurelius im Jahr 276 so bestimmt. Im vierten Jahrhundert nach Christus legte schließlich der römische Kaiser Konstantin den 25. Dezember als Geburtstag des Jesuskindes fest. Alle Untertanen seines Reiches hatten nun einen gemeinsamen Feiertag, ob sie Christen waren oder nicht. In der kirchlichen Tradition hat sich dieses Ereignis seitdem fest eingeprägt. Zu Weihnachten wird die Geburt Jesu gefeiert. Die Symbole von Licht und Sonne wurden auf ihn übertragen. Deshalb sprechen Christen von Jesus als »Licht, das in der Finsternis scheint« oder als »Sonne der Gerechtigkeit«.

Doch Jesus feiert nach dem christlichen Kalender gleich zwei Mal Geburtstag. Denn seit dem zweiten Jahrhundert feiern die orthodoxen Christen in **Ost- und Südeuropa** seinen Geburtstag am 6. Januar. Das Wort »orthodox« bedeutet »rechtgläubig«. Die orthodoxe Kirche entstand im Jahr 1054, als sich die christliche Kirche in eine östliche (orthodoxe) und westliche (katholische) Kirche spaltete. Heute gibt es noch orthodoxe Kirchen in Russland, Griechenland, Serbien und Armenien.

Wann Jesus wirklich geboren ist, wissen wir nicht. Doch der 6. Januar wird auch bei uns gefeiert. Im Evangelium des Matthäus lesen wir von Magiern, die heute auch die

Heiligen Drei Könige genannt werden und aus dem Morgenland kamen, um den neugeborenen König der Juden zu finden. Sie folgten einem Stern, der sie bis zur Krippe führte. Am 6. Januar feiern wir in Deutschland deshalb den Dreikönigstag oder das **Epiphaniasfest,** was »Erscheinung des Herrn« bedeutet. Ihr habt sicher schon einmal Kinder gesehen, die sich als die heiligen Könige **Caspar, Melchior** und **Balthasar** verkleiden. Das sind die Sternsinger, die von Haus zu Haus ziehen und ihre Lieder vom Stern über Bethlehem singen. Sie segnen die Häuser mit den Buchstaben C+M+B und der Jahreszahl. Das steht für den lateinischen Segensspruch **Christus Mansionem Benedicat,** Christus segne dieses Haus. Die Sternsinger erhalten dafür Süßigkeiten und Geld für arme Menschen auf aller Welt.

Aber woher kommt eigentlich der Weihnachtsbaum?
Ein grüner Baum oder Zweig als Zeichen der Hoffnung ist ein Beispiel für einen Brauch, den die Christen in Deutschland von den Germanen übernommen haben. Der Tannenbaum ist ein Nadelbaum, der sich von anderen Bäumen darin unterscheidet, dass er immer grün ist. Bei den Germanen waren immergrüne Zweige, die sie in die Häuser brachten, ein Zeichen für die Fruchtbarkeit der Natur, das sie, trotz Kälte und Schnee, auf den grünen Frühling hoffen ließ. Im Christentum wurde der Baum als **Lebensbaum** verstanden und in die Weihnachtstradition aufgenommen. Dass der Baum im Wald abgeschlagen wird und als geschmückter

Baum seinen Weg in den Garten findet, ist erst seit 500 Jahren belegt. Ein mit Sternen und Lichtern geschmükkter Baum im Vorgarten eines Hauses ist das erste Mal auf einem Bild im Jahr 1509 zu sehen. 100 Jahre später, im Jahr 1605, findet sich der erste Baum mit Lichterglanz auch im Wohnzimmer ein.

Machen wir nun eine kleine Reise durch die Welt und schauen uns an, wie Weihnachten heute gefeiert wird.

In **Russland** gibt es für die Menschen, die keiner Religion angehören, die Geschenke zu Silvester. Das christliche Weihnachtsfest wurde 1920 abgeschafft und dafür am 31. Dezember das Jolkafest eingeführt. Da die Winter sehr kalt sind, bringt **Djeduschka Maros,** zu Deutsch »Väterchen Frost«, den Kindern die Geschenke. Ded Moros, wie er auch genannt wird, ist eine russische Märchenfigur und ähnelt trotz seiner Pelzmütze und seinem graublauen Pelzmantel heute sehr dem Weihnachtsmann. Er hat einen großen magischen Stab in der Hand, der wie ein Eiszapfen aussieht. Alles was er berührt, gefriert zu Eis. Auf seinem Schlitten, der von drei weißen Pferden gezogen wird, sitzen auch seine kleinen Helfer: eine junge Frau, Schneeflocke, und ein Junge, der Neujahr genannt wird. Schneeflocke, auf Russisch **Snegurotschka,** hat langes blondes Haar und trägt einen weißen oder hellblauen, mit Perlen und silbernen Fäden bestickten Mantel. Zum **Jolkafest** gehört auch ein Silvesterbaum, der wie unser Weihnachtsbaum geschmückt wird. Die Kinder versammeln sich um den Baum und rufen dreimal laut nach Ded Moros, der mit seinen beiden Begleitern und vielen Geschenken das Zimmer betritt.

In **Schweden, Dänemark** und **Finnland** beginnt Weihnachten schon am 13. Dezember. Das ist der Tag der heiligen Lucia. Das lateinische Wort »lux« heißt Licht. Lucia bedeutet »die Lichtvolle«. Bis ins 16. Jahrhundert galt der 13. Dezember nach dem alten Kalender als längste Nacht. Dieser alte Kalender war aber nicht so genau. Papst Gregor XIII. korrigierte die Fehler einfach dadurch, dass er 1582 einige Tage ausfallen ließ. Unser heutiger Kalender geht auf die gregorianische Kalenderreform zurück. In den skandinavischen Ländern wurde aber der Termin vor der Kalenderreform einfach beibehalten. Das alte Sonnenwendfest verbindet sich dort mit der christlichen Tradition von der heiligen Lucia, die im 3. Jahrhundert auf Sizilien lebte. Die Christen wurden damals von dem römischen Kaiser Diokletian verfolgt und mussten sich in Grabhöhlen verstecken. Lucia versorgte die Verfolgten mit Essen und Trinken. Sie ging mit einer Krone aus brennenden Kerzen in die dunklen Gänge, um den Weg sehen zu können und beide Hände für das Essen frei zu haben. Um das Jahr 310 wurde Lucia schließlich selbst verfolgt und ermordet. Ihr eigener Verlobter hatte sie verraten. Seitdem ist es zum Brauch geworden, dass das älteste Mädchen einer Familie am Morgen des

Lucia-Tages als Lucienbraut, **Lussibrud,** verkleidet die Familienmitglieder aufweckt. Sie ist in ein langes weißes Kleid gehüllt und der Kopf ist mit einem Kranz aus Preiselbeerzweigen geschmückt, in den brennende Kerzen gesteckt werden. Dabei verteilt sie das Lucia-Gebäck und serviert Frühstück ans Bett.

Für die Kinder in **Amerika** findet Weihnachten am 25. Dezember, an Christmas, statt. **Santa Claus,** der bärtige und dickbäuchige Weihnachtsmann, kommt in den frühen Morgenstunden durch den Kamin und bringt die Geschenke, die er in Strümpfe füllt. Sein Name erinnert noch heute an den heiligen Nikolaus, aber von der Verwandlung des Bischofs Nikolaus in den Weihnachtsmann habt ihr schon gelesen. Früher bekamen die Kinder ja zum Nikolaus die Geschenke. Und so ist es auch heute noch in **Holland.** Das Fest der Geschenke wird hier am 6. Dezember gefeiert.

Die Weihnachtszeit wird nicht nur in den christlichen Ländern gefeiert, auch in anderen Religionen gibt es in der dunklen Jahreszeit ein Lichterfest. In der **jüdischen Religion** wird das Chanukkafest gefeiert. Bei diesem Fest werden der Reihe nach an acht Abenden acht Kerzen angezündet, fast so wie bei uns im Advent. Chanukka erinnert an ein wichtiges Ereignis aus der Geschichte des jüdischen Volkes: die Verwüstung des jüdischen Tempels durch den griechischen König Antiochus. Nachdem Antiochus vertrieben worden war, wurde der Tempel gereinigt und neu eingeweiht. Der zerbrochene **achtarmige Leuchter,** der im Tempel stand, wurde durch einen neuen ersetzt, den die Juden aus ihren Waffen schmiedeten. Nun hatten sie wieder einen Leuchter, fanden aber nur einen ganz kleinen Rest Öl. Das wenige Öl hätte kaum für einen Tag gereicht. Und nun wird erzählt, dass wie durch ein Wunder der Leuchter mit dem wenigen Öl ganze acht Tage lang brannte. Der **Chanukkaleuchter** wird heute von jüdischen Familien ins Fenster gestellt, damit man ihn von der Straße aus sehen kann. Zu diesem Fest gibt es auch Geschenke und die ganze Familie ist mit Spielen und dem Essen von Süßigkeiten beschäftigt.

In **Nordindien** beginnt das neue Jahr im März oder April. Zur Jahreswende wird Diwali gefeiert. »Diwali« heißt Lichterkette und geht auf ein Erntefest zu Ehren der Göttin Lakshmi zurück, der Frau des Gottes Vishnu. Man beschenkt einander und zündet kleine Öllampen aus Ton an, die in den Fenstern stehen. Die Lichter sollen der Göttin den Weg zu den Häusern zeigen. In **Südindien** gilt ein anderer Kalender. Dort ist Diwali ein Herbstfest. Gefeiert wird aber das Gleiche: der Sieg des Lichtes über die Dunkelheit und des Guten über das Böse.

In **Japan** wird die Weihnachtszeit heute ähnlich wie bei uns gefeiert. Allerdings steht hier am 23. Dezember der Geburtstag des japanischen Kaisers und nicht Christi Geburt im Mittelpunkt. Auch in **China** gab es diese Tradition bis zum Anfang des 20. Jahrhunderts. Der Kaiser

wurde als Sohn des Himmels verehrt. Zur Wintersonnenwende ging er in den Himmelstempel nach Peking, der Hauptstadt von China. Dort feierte er ein großes Opferfest und bat um eine gute Ernte für das neue Jahr.

Im **Islam** gibt es kein Weihnachtsfest. Aber natürlich haben die muslimischen Kinder auch sehr schöne Feste mit Geschenken. Eines davon ist das Zuckerfest, auf Türkisch Seker Bayram genannt. Es beendet den Fastenmonat Ramadan. Fasten bedeutet, dass man nur sehr wenig oder gar nichts isst. Auch die christliche Adventszeit im Dezember ist eigentlich eine Fastenzeit, in der man sich auf Weihnachten vorbereiten soll. Aber dieser Brauch ist schon fast verloren gegangen. Vielleicht könnt ihr euch vorstellen, wie sehr sich die Kinder nach einem Monat ohne Süßigkeiten auf das Zuckerfest freuen. Das ganze Haus wird geputzt und in Ordnung gebracht. Dann werden die leckersten Speisen vorbereitet. Nach einem gemeinsamen Gottesdienst in der Moschee versammelt sich die ganze Familie zu einem herrlichen Essen.

Nicht alle Menschen feiern also Weihnachten, aber alle Menschen feiern ein frohes Fest, bei dem das Licht und die Kinder im Mittelpunkt stehen. In der dunklen Zeit bekommt ihr sicher auch Sehnsucht nach dem Licht. Wenn ihr Kinder aus anderen Ländern kennt, fragt sie doch mal, ob ihr mit ihnen zusammen ihr Lichterfest feiern könnt.

Was hat der Hase mit Ostern zu tun?

Es gibt Menschen, die behaupten noch immer steif und fest, dass der Osterhase die Eier selber legt. Andere meinen, dass er die Eier von befreundeten Hennen aus dem Stall holt, um sie dann mit Farbe zu bemalen. Aber eins ist ganz sicher: Der Osterhase weiß die besten Verstecke.

Warum der Hase zum Osterhasen wurde, hat mit der Jahreszeit zu tun, in der das Osterfest gefeiert wird. Denn Ostern ist ein Frühlingsfest. In der Natur erwacht jetzt wieder neues Leben. Der Termin für das Osterfest richtet sich nach dem Mond. Das heißt: Das Fest beginnt an dem Sonntag, der auf den ersten Vollmond im Frühling folgt, frühestens am 22. März und spätestens am 25. April.

Und was hat das nun mit dem Hasen zu tun? Der Hase galt in vielen Religionen als **Mondtier**. Bei den Azteken in Mexiko und in der alten chinesischen Religion bedeutete das Bild des Hasen Glück. Man glaubte den Umriss eines Hasen im vollen Mond zu erkennen. Schaut euch beim nächsten Vollmond doch mal die dunklen Flecken auf dem Mond an, die **mare** genannt werden – sehen die nicht aus wie ein springender Hase?

Auch in der germanischen Religion war der Hase ein **Zeichen für den Frühling.** Nach der langen Winterzeit beginnt im Frühling wieder alles zu blühen und zu wachsen. Die Hasen verlieben sich ineinander und paaren sich. Eine Häsin kann vier Mal im Jahr Jungen zur Welt bringen, bis zu zwanzig. Die ersten Jungen werden bereits im März geworfen und deshalb Märzhasen genannt. Wenn Tiere viele Junge bekommen, sagt man, dass sie sehr fruchtbar sind. Bei den Germanen gab es eine eigene Göttin für die Fruchtbarkeit. Diese Göttin hieß **Ostara** und wird mit einem Hasen und einem Ei dargestellt.

Ostern hat also viel mit dem Frühling zu tun. Ob das Wort aber wirklich von der germanischen Frühlingsgöttin Ostara abstammt, ist umstritten. Vielleicht kommt es auch von dem Wort **Osten** als der Himmelsrichtung, in der die Sonne aufgeht. Und dem Wort Osten fehlt ja nur ein r, dann wird Ostern daraus. Es gibt aber auch die Vorstellung, dass sich der Begriff von **Eostro** ableitet, was Morgenröte bedeutet.

Von welchem Begriff das Wort Ostern nun genau abstammt, können wir nicht beantworten. Was wir aber ganz bestimmt wissen: Das christliche Osterfest geht auf das jüdische Passahfest zurück. Das Passahfest wird zur Erinnerung an den Exodus, so wird die Befreiung des Volkes Israel aus der Sklaverei in Ägypten genannt, gefeiert. Es dauert eine Woche und beginnt nach dem jüdischen Kalender am ersten Vollmondtag des Frühlings, dem 14. Tag im Monat Nissan. Es fängt mit einem gemeinsamen Essen, dem **Sedermahl,** an.

Im Neuen Testament wird erzählt, dass Jesus mit seinen Jüngern nach Jerusalem gekommen ist, um dort das Passahfest zu feiern. Der **Gründonnerstag** erinnert an dieses letzte Abendessen von Jesus mit seinen Jüngern vor seinem Tod. Am nächsten Tag, dem **Karfreitag,** wird an die Kreuzigung Jesu gedacht. Und am **Ostersonntag** wird die Auferstehung gefeiert.

Es gibt viele Gemeinsamkeiten zwischen dem christlichen Osterfest und dem jüdischen Passah. Beim Sedermahl werden zum Beispiel Lammfleisch und Eier gegessen. Und sicher kennt auch ihr den Brauch, zu Ostern ein Lamm aus Kuchenteig zu backen. Es wird **Osterlamm** genannt und erinnert an Jesus, der sich für die Menschen geopfert hat. Das Ei dagegen hält Leben verborgen wie in einem verschlossenen Grab. Das Durchbrechen der Schale ist ein Symbol für neues Leben.

In der christlichen Religion wird auch der Hase mit Jesus in Verbindung gebracht. Wenn ihr zu Hause einen Hasen habt, könnt ihr beobachten, dass er mit **offenen Augen** schläft. Das kommt daher, dass der Hase keine Augenlider hat. Man verglich nun den Hasen mit Christus, dessen Tod als Schlaf bis zu seiner Auferstehung gedeutet wurde. Außerdem gräbt der Hase eine Mulde in die Erde, in der er ganz verschwindet, bis er plötzlich wieder herausspringt. Die Mulde wurde mit dem Grab Jesu in Zusammenhang gebracht und der herausspringende Hase mit Jesus, der den Tod überwunden hat.

Ostern ist also ein sehr wichtiges Fest für die Christen, die die **Auferstehung** von Jesus feiern. Aber auch in vielen nicht-christlichen Religionen wird an Ostern die **Sonne** als Lichtspenderin und göttliche Fruchtbarkeitsquelle verehrt und bei Frühlingsfesten gefeiert.

Aber warum legen die Hasen die Eier und nicht die Hennen? Wenn ihr Hasen beobachtet, dann seht ihr, dass sie oft still an einem Ort sitzen und dann plötzlich schnell weghoppeln. Das geschieht besonders häufig in der Paarungszeit im Frühling. Es sieht so aus, als ob sie dabei ein Ei legen – obwohl natürlich jeder weiß, dass sie das nicht können. Leider sind die Hennen nicht so flink, deshalb traut man ihnen nicht zu, dass sie die Eier wirklich verstecken können. Und da ist noch etwas: Jeder weiß doch, dass sie nur weiße und braune Eier legen können ... und keine bunten.

Warum werden Kinder mit Wasser getauft?

So eine Taufe ist ganz schön aufregend: Die Familie kommt zusammen und es wird ein großes Fest gefeiert. Das beginnt mit einem Gottesdienst in der Kirche, bei dem das Kind in die Gemeinschaft der Christen aufgenommen wird. Es gehört nun zu der Kirchengemeinde, in der es getauft wurde. Die Taufe ist das wichtigste **Sakrament** in der christlichen Kirche. Mit »Sakrament« ist so etwas wie ein Siegel gemeint, das nicht gebrochen werden kann. Durch die Taufe wird das Kind unter Gottes Schutz gestellt. Wenn das Kind alt genug ist, wird es selber entscheiden, ob es weiterhin zur Gemeinschaft der Christen gehören will.

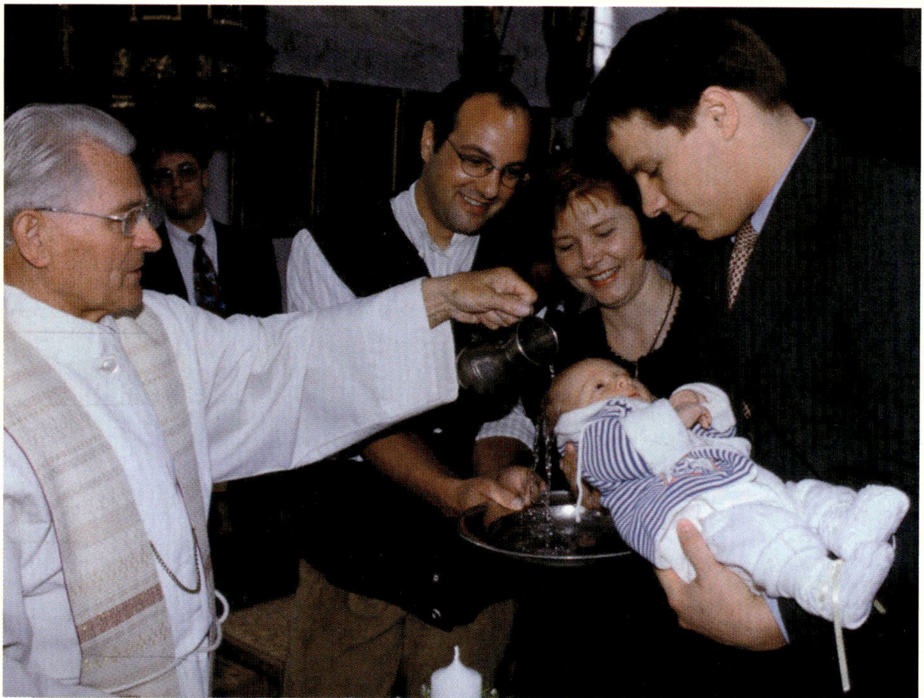

Bei einer Taufe ist vieles anders als sonst: Der Täufling, so nennt man das Kind, das getauft werden soll, trägt oft ein langes weißes **Taufkleid.** Dabei ist egal, ob es sich um einen Jungen oder ein Mädchen handelt. Jeder Täufling bekommt eine **Kerze,** die ihn an diesen Tag erinnern wird, und ein oder zwei Paten an seine Seite. Das Wort »Pate« ist lateinisch und bedeutet so viel wie »Mit-Vater«. Die Eltern suchen ein oder zwei Personen aus der Familie oder dem Freundeskreis für diese ehrenvolle Aufgabe aus. Bei der Taufe versprechen die Paten, sich um das Kind zu kümmern und es im christlichen Glauben zu erziehen. Der Pfarrer fragt im Gottesdienst die Eltern und Paten, ob sie auch wirklich wollen, dass das

Kind getauft wird. Laut antworten sie darauf: »Ja, das wollen wir!« Dann kann die eigentliche Taufe beginnen. Die Eltern, der Pfarrer und die Paten stehen dabei mit dem Täufling um das Taufbecken, in dem sich geweihtes Wasser befindet. Das wird dem Täufling drei Mal über den Kopf gegossen.

Jetzt fragt ihr euch vielleicht: Warum denn das? Wasser dient der Erfrischung. Und es ist zum Waschen und Saubermachen da. Wenn ihr großen Durst habt und einen Schluck Wasser trinkt, dann fühlt ihr euch plötzlich wie **neugeboren.**

Darum geht es auch in der Taufe: Für den Täufling beginnt nun das Leben in der Gemeinschaft mit Jesus Christus.

In alten Kirchen stehen oft große **Taufsteine.** Darin wurden die Kinder früher ganz untergetaucht. Mit der Hand verschloss der Priester den Mund und die Nase des Täuflings. Dann wurde er schnell wieder aus dem Wasser herausgehoben. Das erinnert an den Tod und die Auferstehung von Jesus Christus: Jesus wurde gekreuzigt und ist sozusagen eingetaucht in den Tod. Aber er wurde wieder herausgehoben und hat in der Auferstehung neues Leben bekommen. Heute werden die Kinder nicht mehr untergetaucht, sondern bekommen nur ein paar Tropfen Wasser über den Kopf gegossen. Die Bedeutung bleibt aber dieselbe.

In allen Religionen spielt das Wasser eine wichtige Rolle, vor allem für die Reinigung des Körpers. So ist es bei Muslimen Brauch, sich vor dem Gebet zu waschen. Im Judentum gibt es besondere Reinigungsbäder für Männer und Frauen. Und auch im Christentum soll die Taufe mit Wasser den Menschen reinigen.

Ganz am Anfang, als die christliche Kirche entstanden ist, hat man nur Erwachsene getauft. Und zwar entweder zu **Weihnachten** oder zu **Ostern.** Das dauerte mehrere Tage. Erst wurde dem Täufling von Jesus Christus erzählt und dann wurde geprüft, ob er auch alles verstanden hatte. Die Erwachsenen mussten ganz untertauchen und waren in ein weißes Gewand gehüllt. Die Farbe Weiß ist ein Zeichen für Reinheit. Jeder Mensch begeht im Laufe seines Lebens Sünden, das heißt, er macht Fehler, verletzt vielleicht andere Menschen oder fügt seinem eigenen Körper Schaden zu. Die Sünde wird mit der Taufe abgewaschen. Sie bleibt im Taufwasser, so wie der Dreck im Badewasser bleibt. Ein neues Leben kann beginnen.

Heute werden die Kinder kurz nach der Geburt getauft, damit sie von Anfang an im christlichen Glauben aufwachsen. Vater und Mutter bekennen sich zu ihrer Verantwortung für das Kind und heißen es willkommen. Wenn der Pfarrer drei Mal das Wasser über den Kopf gegossen hat, fragt er die Eltern nach dem **Namen** des Kindes und segnet es. Aus der Bibel haben die Eltern einen **Taufspruch** ausgesucht, der verlesen wird. Und dann bekommt das Kind gute Wünsche mit auf den Weg und von der ganzen Familie Geschenke. Jetzt ist es ein echter Christenmensch.

Vielleicht fragt ihr euch, wie das mit der Taufe bei den Christen begonnen hat? Am Ende des Matthäus-Evangeliums wird berichtet, dass Jesus selbst den Auftrag zur Taufe gegeben hat. Deshalb gehört zur Taufe auch noch ein bestimmter Satz, der Taufformel genannt wird. Laut muss gesagt werden: »Ich taufe dich im Namen des Vaters, des Sohnes und des Heiligen Geistes.« Und dass Jesus auch selbst getauft worden ist, nämlich von Johannes dem Täufer in dem großen Fluss Jordan, davon haben wir euch ja schon erzählt.

Wenn ihr das nächste Mal badet und mit dem ganzen Körper untertaucht, dann erinnert euch an die Bedeutung des Wassers bei der Taufe. Vielleicht fühlt ihr euch ja auch ein bisschen wie neugeboren!

Was ist eine Konfirmation und was eine Kommunion?

Endlich erwachsen sein! Ihr wünscht euch vielleicht nichts sehnlicher. Dann darf man alles, was die Erwachsenen auch dürfen. Fernsehgucken bis spät in die Nacht zum Beispiel oder mit Freunden im Dunkeln um die Häuser ziehen und noch vieles mehr. Natürlich wisst ihr, dass man auch als Erwachsener nicht alles tun und lassen kann, so wie man will. Aber es ist trotzdem ein wichtiger und schöner

Schritt, erwachsen zu werden. Dieser Schritt wird im Französischen als **rite de passage** bezeichnet – das ist der besondere Moment des Übergangs von einem Abschnitt des Lebens in einen anderen. In den verschiedenen Religionen und Kulturen werden diese Übergänge mit besonderen Festen gefeiert. Auch die Hochzeit und die Taufe sind solche Übergangsriten.

Die **evangelische Kirche** feiert mit ihren Jugendlichen die Konfirmation. Mit ihr werden die jungen Menschen **religionsmündig,** das heißt, sie werden in der Kirche als erwachsen angesehen und sind von nun an für alles, was sie tun, selbst verantwortlich. Auch für ihren Glauben. Denn jetzt können sie selbst entscheiden, ob sie Mitglied in der christlichen Gemeinde sein wollen oder nicht. Die Konfirmation findet statt, wenn ein Jugendlicher 13 oder 14 Jahre alt ist. Es wird ein großes Fest gefeiert, das mit einem Gottesdienst beginnt. Die Konfirmanden sagen dabei »Ja« zum christlichen Glauben, empfangen vom Pfarrer den Segen und jeder erhält einen persönlichen **Konfirmationsspruch** aus der Bibel. Im Anschluss daran gibt es ein großes Familienfest mit vielen Geschenken. Jungen und Mädchen wissen, dass sie sich öffentlich zu ihrer Kirche bekannt haben und dass sie nun zu den »Großen« gehören. Früher war ja mit 14 Jahren die Schule zu Ende und die meisten Jugendlichen mussten arbeiten. Heute darf man etwas länger zur Schule gehen, trotzdem beginnt ein neuer Abschnitt im Leben.

In der **katholischen Kirche** wird ein ähnliches Fest gefeiert. Es heißt Firmung und ist wie die Konfirmation ein feierlicher Gottesdienst, bei dem die Jugendlichen ein Glaubensbekenntnis ablegen. Den Segen spricht hier der Bischof über den Firmling und seine Familie. In manchen Gegenden dürfen sich die Jugendlichen den Namen eines Heiligen aussuchen, den sie von nun an als Zweitnamen tragen. Natürlich gibt es auch ein großes Fest und viele Geschenke. Man wird ja nicht alle Tage erwachsen. Übrigens haben die Begriffe Konfirmation und Firmung die gleiche Wurzel: Sie kommen von dem lateinischen Wort **firmatio,** das Bestätigung bedeutet.

Der Konfirmand oder der Firmling bestätigt seine Taufe, bei der er selbst ja noch nicht mitreden konnte, weil er noch ein Baby war. Ob man getauft wurde oder nicht, haben die Eltern entschieden.

Der Firmung geht – anders als bei der Konfirmation – ein wichtiges Fest voraus, das es nur in der katholischen Kirche gibt: Es ist die Kommunion. Das Wort **communio** ist auch lateinisch und wird mit »Gemeinschaft« übersetzt. Damit ist die Abendmahlsfeier in der Kirche gemeint. Diese Feier hat in allen christlichen Kirchen eine große Bedeutung. Sie erinnert an den letzten Abend, den Jesus mit seinen Jüngern verbrachte, bevor er starb. Die Gläubigen trinken im Gedenken daran einen Schluck Wein und essen ein Stückchen Brot.

In der katholischen Kirche wird das Abendmahl auch Feier der **Eucharistie** genannt. Es findet in jeder Messe, so heißt der katholische Gottesdienst, statt. Während der Eucharistiefeier erhalten die Gläubigen ein Stückchen Brot. Es wurde vorher vom Priester geweiht. Dieses Stück Brot nennt man **Hostie,** und es ist etwas ganz Besonderes, weil Jesus in diesem Moment in dem Brot und im Wein selbst da ist: Wer von dem Brot isst, hat Teil an der Gemeinschaft mit ihm.

Kinder dürfen ab dem neunten Lebensjahr an der Eucharistiefeier teilnehmen. Sie bekommen ihre **Erstkommunion** und sind zum ersten Mal in der Gemeinschaft der Erwachsenen. Das ist ein wichtiger Augenblick. Deswegen werden die Kinder auch festlich angezogen: Jungen tragen einen Anzug, Mädchen bekommen ein schickes weißes Kleid. Der Termin für die Erstkommunion ist der erste Sonntag nach Ostern, der **weiße Sonntag.** Und im Anschluss gibt es ein schönes Familienfest.

Auch in anderen Religionen wird der Übergang zum Erwachsenendasein gefeiert. Im Judentum gibt es ein großartiges Fest für die Jungen und Mädchen: Bar Mizwa und Bat Mizwa. Die Bar Mizwa ist das Fest für die Jungen, es bedeutet »Sohn der Pflicht«. Von nun an sind sie für ihre Taten vor dem jüdischen Gesetz voll verantwortlich. Lange bereiten sich die Jungen darauf vor und lernen beim Rabbi die Tora auf Hebräisch zu lesen. Wenn sie 13 Jahre alt sind, dürfen sie in einem besonde-

ren Gottesdienst in der Synagoge zum ersten Mal aus der hebräischen Bibel vorlesen. Die Mädchen erleben ihre Bat Mizwa, das bedeutet »Tochter der Pflicht«, schon ein Jahr früher, weil sie früher reif sind als die Jungen. Auch in den jüdischen Familien wird dann ein schönes Fest gefeiert.

Im Hinduismus bekommen die Jungen mit elf Jahren die **heilige Schnur.** Sie ist das äußere Zeichen dafür, dass sie nun zu den Erwachsenen gehören. Sie essen das letzte Mal mit ihrer Mutter zusammen. Danach werden sie nur noch vom Vater erzogen und in den heiligen Schriften unterrichtet. Die Jungen sind sehr stolz darauf, schon jetzt zu den Männern zu gehören.

Jede Religion und jede Kultur zeigt den Jungen und Mädchen also auf unterschiedliche Weise, dass man sich darüber freut, wenn jemand groß wird. Es ist wichtig, Kinder über die Religion zu informieren und ihnen zu zeigen, was die Erwachsenen glauben. Dann können sie selbst entscheiden, ob sie ein Mitglied der jeweiligen Religionsgemeinschaft werden wollen oder nicht. Sicher wollt ihr auch bald erwachsen sein. Da ist es gut, eine Menge zu wissen, auch über die Religionen. Dafür haben wir euch ja das Buch geschrieben. Wenn ihr es gelesen habt, wisst ihr vielleicht mehr darüber als die Erwachsenen.

Was passiert bei der Beichte?

Wer aus Versehen mit dem Fußball eine Scheibe trifft, der hofft, dass es keiner gesehen hat. Es kann ja sein, dass deswegen geschimpft wird oder der Schaden bezahlt werden muss. Dabei war es doch gar nicht mit Absicht. Vielleicht ist die Sache ja auch bald vergessen, wenn niemand zu Schaden kam. Um das schlechte Gewissen zu entlasten, kann man vielleicht mit seinem Hund oder einem Teddy darüber sprechen, die verstehen einen wenigstens. ***Was aber, wenn ein Klassenkamerad für etwas bestraft wird, das eigentlich du verschuldest hast? Und du traust dich nicht, es zuzugeben?***

Es gibt Erlebnisse, die können einem richtig lang zu schaffen machen, die liegen wie eine schwere Last auf den Schultern.

Die Beichte soll die Menschen von dieser drückenden Last befreien. Sie ist Gottes **Freispruch** von einer Schuld.

Stellt euch vor, ein Mann verschuldet mit seinem Auto einen Unfall, bei dem ein Mensch schwer verletzt wird oder sogar stirbt. Es ist ein Schaden entstanden, den er nicht wieder gutmachen kann. Noch Jahre später muss der Mann daran denken. Im eigenen Kopf beginnt eine Gerichtsverhandlung mit einem Ankläger, einem Richter und einem Angeklagten. Aber da gibt es keinen Verteidiger. Immer wieder wirft sich der Mann vor, dass er schuld am Unglück eines anderen Menschen ist. So etwas allein mit sich herumzutragen, kann einen krank machen. Der Mann möchte gern darüber reden. Am besten mit jemandem, der nicht gleich schimpft, sondern einfach zuhört. Vor dem er sich aber auch nicht verstecken kann und zu seiner Schuld stehen muss.

Christen können in solchen Fällen zu ihrem Pfarrer oder ihrer Pfarrerin gehen. Sie können ihnen das erzählen, was sie sich sonst nicht auszusprechen trauen. Man sagt dann: Sie gehen zur Beichte. Wenn der Mann, der den Unfall verursacht hat, zur Beichte geht, spricht er aus, was ihn belastet. Er ist bereit, zu seiner Schuld zu stehen, und will es wieder gutmachen. Deshalb sagt man auch, er bereut seine Schuld. Der Pfarrer betet zusammen mit ihm und spricht den Mann im Auftrag Gottes von seiner Schuld frei. Er legt dem Mann seine Hände auf den Kopf und sagt: Dir ist deine Schuld vergeben! Im Freispruch erfährt der Mann **Vergebung,** also die Entlastung seines Gewissens, und glaubt daran, dass Gott ihm verzeiht. Wer gebeichtet hat, der ist von den quälenden Gedanken befreit und kann ein neues Leben beginnen.

Pfarrer dürfen das, was sie in solchen Beichtgesprächen hören, niemandem weitersagen. Und das tun sie natürlich auch nicht. Sie brauchen und dürfen selbst vor Gericht nicht sagen, was ihnen jemand gebeichtet hat. Es darf sie auch kein Polizist bei einer Beichte abhören. Das ist durch ein Gesetz verboten. Nicht einmal wenn dadurch ein Mord aufgeklärt werden könnte. Man nennt das **Beichtgeheimnis.** Die Beichte soll einzig und allein helfen, die Last von den Schultern eines Menschen zu nehmen.

Natürlich könnte man mit Gott auch zu Hause allein in seinem Zimmer sprechen. Aber die Pastorinnen und Pastoren helfen einem dabei, wirklich ehrlich zu sich selbst zu sein, weil sie genau zuhören können und gezielt nachfragen. Im Gespräch kommt man dann manchmal auch zusammen auf Ideen, wie man etwas, das man verschuldet hat und bereut, vielleicht doch wieder gutmachen kann.

Die Möglichkeit zur Beichte gibt es schon so lange, wie es die Kirche gibt. In alten katholischen Kirchen findest du noch **Beichtstühle.** Achte mal darauf, wenn du in eine Kirche kommst! Beichtstühle sind kleine Kabinen in den Seitenschiffen der Kirche, in denen sich ein Priester zu bestimmten Zeiten bereithält, die Beichte abzunehmen. Durch ein kleines Holzgitter kannst du leise mit ihm sprechen. Du siehst den **Priester** also gar nicht und er sieht dich auch nicht. Du musst auch nicht sagen, wie du heißt oder wer du bist. Alles bleibt geheim. Der Priester fragt dich, was dir auf dem Herzen liegt, und du kannst ihm alles erzählen. In den neuen Kirchen findet die Beichte oft in der Sakristei statt, ein kleiner Raum, in dem man mit dem Priester ungestört sprechen kann.

In der evangelischen Kirche gibt es schon seit der Reformation keine Beichtstühle mehr. Die Menschen sprechen den **Pfarrer** auf der Straße an, schreiben ihm einen Brief oder gehen zu ihm ins Pfarrhaus und unterhalten sich dort mit der Pastorin oder dem Pastor. Da bleibt man natürlich nicht unerkannt. Dafür sitzt man sich aber von Mensch zu Mensch gegenüber, was auch sehr gut tut.

Es gibt auch die Möglichkeit, in einem Telefongespräch etwas zu beichten. Wer eine bestimmte Nummer wählt, wird mit jemandem verbunden, der dafür ausgebildet ist, zuzuhören oder auch einen Rat zu geben, der einem weiterhelfen kann. Die Telefonseelsorge ist unter der

Nummer 0800 1110111 oder 0800 1110222 am Tag und in der Nacht zu erreichen. Der Anruf kostet kein Geld.

In der jüdischen Religion gibt es jedes Jahr im Herbst ein Fest, das die Menschen untereinander und den Menschen mit Gott versöhnen soll. Das Fest heißt **Jom Kippur,** Tag der Versöhnung. Es ist das wichtigste Fest im Judentum. An diesem Tag kleiden sich alle ganz in Weiß. Alle wissen, dass heute ein neuer Anfang möglich ist. Menschen, die Streit miteinander hatten und lange nicht mehr miteinander geredet haben, gehen wieder aufeinander zu und bitten um Entschuldigung. Das ist ganz schön schwer. Aber weil man es nicht alleine machen muss, sondern alle mitmachen, fällt es einem leichter, seine Fehler einzugestehen. Dann geht die ganze Familie in die Synagoge. Dort wird ein Gottesdienst gefeiert, in dem alle zusammen beichten und zu Gott beten: »Erschaffe mir, Gott, ein reines Herz, und gib mir einen neuen, beständigen Geist!« Und dann kommt der Moment, an dem sich alle verzeihen. Ihr könnt euch vorstellen, dass es da viele Tränen gibt.

Eigentlich eine tolle Idee: Einmal im Jahr gibt es einen Tag der Versöhnung. An diesem Tag könntet ihr dann auch das mit der zerbrochenen Scheibe beichten. Geschimpft werden darf nicht und alle fallen sich in die Arme, weil das Verzeihen nicht mehr so schwer fällt.

Wer war Martin Luther?

Gehen wir 500 Jahre in der Zeit zurück: Christoph Kolumbus hatte Amerika noch nicht entdeckt, die meisten Menschen konnten nicht lesen und schreiben und auf den Burgen lebten noch Fürsten und Ritter. Luther wurde am 10. November 1483 geboren und einen Tag später getauft. Da es für jeden Tag einen Heiligen gab, nach dem die Kinder ihren Namen bekamen, und Luther am 11. November getauft wurde, also am Martinstag, bekam er den Vornamen Martin. Den heiligen Martin kennt ihr sicher, er hat seinen Mantel mit einem frierenden Bettler geteilt.

Martin Luther ist in Eisleben aufgewachsen. Jetzt braucht ihr eine Karte von Deutschland: Von Berlin aus ist Eisleben ein Stück unten links, also südwestlich, gleich neben Halle an der Saale zu finden. Luthers Vater war ein Bergmann und sehr streng mit seinem Sohn. Er hat ihn oft verhauen und Martin hatte richtige Angst vor ihm.

Die Menschen im Mittelalter stellten sich auch Gott als einen **strengen Vater** vor, der über die schlimmen Taten urteilt. In jeder Kirche gab es ein Bild, auf dem diese Gerichtsverhandlung abgebildet war. Jesus war der Richter. In der einen Hand hielt er eine Lilie und in der anderen ein Schwert. Nach damaliger Auffassung gab es nur zwei Möglichkeiten: Entweder kamen die Menschen in den **Himmel** oder in die **Hölle.** Und die Hölle wurde von den Malern als gewaltiges Feuer dargestellt, das man Fegefeuer nannte. Es gab sogar Menschen, die mit der Angst vor dem Feuer noch Geld verdienen wollten: Sie boten ein Stück Papier an, auf dem stand, dass keiner im Feuer Qualen erleiden muss, der vorher für den Zettel Geld bezahlt hat. Dieses Stück Papier nannte man **Ablassbrief,** weil all die schlechten Dinge, die man gemacht hatte, damit angeblich erlassen sein sollten. Unter dem Brief stand die Unterschrift des Oberhaupts der Kirche, **Papst Leos X.** aus Rom. Damals brauchte der Papst viel Geld, weil er eine prächtige Kirche in Rom bauen wollte, den Petersdom. Er benahm sich wie ein König, führte Kriege und hatte viel Macht.

Auch Martin Luther hatte lange Angst vor Gott. Sein Vater wollte, dass er Rechtsanwalt wird, deshalb ging Martin auf eine Universität und lernte Gesetze auswendig. Aber als er 21 Jahre alt war, geriet er in der Nähe von Erfurt in ein **fürchterliches Sommergewitter.** Rechts und links von ihm blitzte und donnerte es. Martin fürchtete, vom Blitz getroffen zu werden, und betete zur heiligen Anna. Er versprach, Mönch zu werden, wenn er am Leben bliebe. Und so geschah es: Zwei Wochen später klopfte Martin an die Tür eines Klosters in Erfurt und wurde **Mönch,** was sein Vater gar nicht gern sah. Aber auch als Mönch konnte Martin studieren. Er wurde zwar kein Anwalt, dafür brachte er es aber bis zum **Professor für Bibelwissenschaften** an der Universität Wittenberg, das liegt zwischen Leipzig und Berlin. Trotz seines beruflichen Erfolges war er in seinem Leben sehr unglücklich: Noch immer hatte er so große Angst vor Gott wie früher vor seinem Vater.

Als Professor erklärte Martin Luther den Studenten die Bibel und machte dabei für sich selbst eine Entdeckung, die sein Leben grundlegend änderte: Es war ein Fehler, sich vor Gott zu fürchten. Gott ist kein strenger, sondern ein **liebevoller Vater.** Sofort fiel die Angst von ihm ab und er fühlte sich wie neugeboren. Umso schlimmer fand er es, dass der Papst mit der Angst der Menschen vor der Hölle Geld verdiente. Also schrieb er seine Erkenntnisse in 95 Sätzen auf und nagelte am 31. Oktober 1517 einen großen Zettel an die Tür der Schlosskirche in

Wittenberg. Die Tür war so etwas wie das schwarze Brett der Universität und jeder Professor durfte seine Gedanken dort anschlagen. Aber Martins Behauptungen, die man auch Thesen nennt, standen im Gegensatz zu dem, was Papst Leo X. in Rom für richtig hielt.

Für Leo war es wichtig, viel Geld zu verdienen, weil er unbedingt seine Kirche weiterbauen wollte. Deshalb forderte er Luther auf, seine Gedanken nicht weiterzuverbreiten. Als Luther trotzdem keine Ruhe gab, warf der Papst ihn sogar aus der Kirche. Auch Kaiser Karl V. stimmte dem zu und sagte, dass jeder, der ihn sah, Luther töten dürfe. Zum Glück hatte Luther viele Freunde. Damit er nicht umgebracht wurde, haben sie ihn sogar entführt und einige Monate auf der **Wartburg** bei Eisenach versteckt. Dort lebte er als Ritter verkleidet und nannte sich »Junker Jörg«. Weil Luther die Burg nicht verlassen konnte, ohne entdeckt zu werden, hatte er viel Zeit, die Bibel ins Deutsche zu übersetzen. Es gab damals die Bibel noch nicht in deutscher Sprache, und die Menschen glaubten

Martin Luther, gemalt von Lucas Cranach dem Älteren, 1529

einfach das, was es auf den Bildern in den Kirchen zu sehen gab und was die Priester ihnen sagten. Aber Martin fand, dass jetzt auch ganz normale Menschen ihre Angst vor Gott verlieren und von der Liebe Gottes in der Bibel lesen sollten.

Martin Luther hat viele Anhänger in Deutschland gefunden. So viele, dass sich die damalige Kirche geteilt hat. Ein Teil hat zum Papst und zum Kaiser gehalten, ein anderer Teil zu Luther und den meisten Fürsten in Deutschland. Diese Leute nannte man dann **Protestanten,** weil sie gegen die Ansichten von Leo X. und Karl V. protestiert haben. Wir kennen sie heute auch unter dem Namen der evangelischen Kirche. Gestorben ist Luther am 18. Februar 1546 in Eisleben. Das hast du ja bereits auf der Karte gefunden.

Der Tag, an dem Martin Luther die 95 Sätze an die Kirchentür genagelt hat, wird heute noch gefeiert. Die evangelischen Kinder gehen dann mit ihren Lehrern in die Kirche und erinnern sich an Luther. Dieser Feiertag heißt Reformationsfest.

Und wenn ihr mit euren Laternen am Martinstag wieder durch die Straßen zieht, dann singt doch eure Lieder für beide: Für den heiligen Martin, der mit dem armen Mann seinen Mantel teilte, und für den anderen Martin, der den Mut hatte, den beiden mächtigsten Männern seiner Zeit die Stirn zu bieten und der an einem 11.11. getauft wurde.

Worin unterscheiden sich evangelische von katholischen Christen?

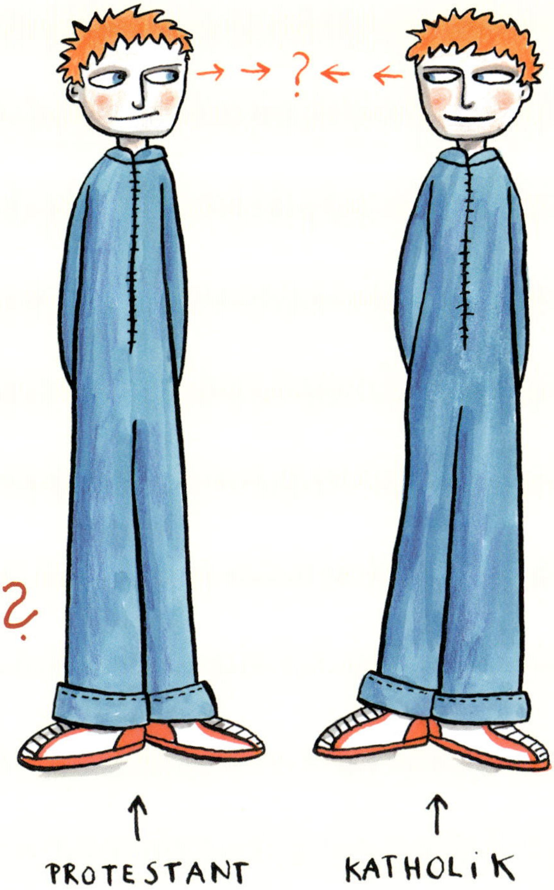

Gegenfrage: Kann man einem Menschen am Gesicht ansehen, ob er katholisch oder evangelisch ist? Nein. Vielleicht an der Kleidung? Ja – aber nur bei den Menschen, die einen religiösen Beruf haben wie Nonnen, Mönche oder Pastoren.

Was bezeichnet man überhaupt mit evangelisch und katholisch? So werden die beiden großen christlichen **Kirchen** genannt, die es in Deutschland gibt, und die Menschen, die **Mitglieder** einer dieser Kirchen geworden sind. Ob ein Kind evangelisch oder katholisch wird, hängt meistens davon ab, wo es aufwächst und welcher Glaubensrichtung seine Eltern angehören. Mit der **Taufe** wird es dann selbst Mitglied dieser Kirche. Als Erwachsener hat jeder die Möglichkeit, aus der Kirche wieder auszutreten oder die Kirche zu wechseln. Je nachdem, wie man dann über den Glauben denkt.

Eine Kirche ist also nicht nur das Gebäude, in dem ein Gottesdienst gefeiert wird. Der Begriff »Kirche« steht auch für unterschiedliche Glaubensrichtungen innerhalb einer Religion. Diese **Glaubensrichtungen** nennt man auch »Konfessionen«, das stammt aus dem Lateinischen und bedeutet Bekenntnis. Und da sind bei uns im Lauf der Geschichte zwei Konfessionen entstanden: die **katholische** und die **evangelische Kirche.** Warum das so gekommen ist, hat mit Martin Luther und der Reformation in Deutschland zu tun. Wer Luther war und warum er die katholische Kirche reformieren wollte, habt ihr schon erfahren.

Es gibt auch noch eine dritte Konfession, das ist die **orthodoxe Kirche.** Die hat aber in Deutschland ganz wenige Mitglieder, dafür gehören fast alle Christen in Osteuropa, Russland und Griechenland dazu. Jetzt braucht ihr wieder eine Landkarte von Europa! Welche christliche Kirche an welchem Ort die meisten Mitglieder hat, hängt nämlich damit zusammen, ob ein Land im Westen oder im Osten von Europa liegt. Viele katholische Christen findet ihr in **Italien,** das liegt im Westen von Europa. Die Hauptstadt von Italien ist Rom und da wohnt auch der **Papst.** Russland dagegen liegt im Osten von Europa. Die Hauptstadt von **Russland** ist Moskau und da lebt das Oberhaupt der russisch-orthodoxen Kirche, das **Patriarch** genannt wird. Im Jahr 1054 hat sich die christliche Religion in diese beiden Konfessionen aufgespaltet, weil die beiden Oberhäupter sich in vielen Glaubensfragen nicht mehr einigen konnten. Natürlich hatte das auch viel mit Macht zu tun. Das ging so weit, dass die beiden, der Papst in Rom und der Patriarch in Moskau, sich gegenseitig aus der Kirche ausschlossen. Also trennte man sich besser.

Martin Luther dagegen wollte eigentlich keine Spaltung, sondern er wollte die Kirche nur verändern. Als aber die Vertreter der katholischen Kirche im Jahr 1529 in der Stadt Speyer erklärten, dass sie diese Veränderungen nicht haben wollten, protestierten die Anhänger von Luther dagegen und spalteten sich schließlich doch von der katholischen Kirche ab. Das ist der Grund dafür, warum die evangelischen Christen auch **Protestanten** genannt werden. Im Jahr 1555 konnte dann jeder Fürst in Deutschland entscheiden, ob sein Gebiet zur evangelischen oder zur katholischen Konfession gehören sollte. Seitdem gibt es die evangelischen Landeskirchen, die sich zur **Evangelischen Kirche in Deutschland** (EKD) zusammengeschlossen haben.

Was sind nun die Unterschiede zwischen der evangelischen und der katholischen Kirche? Am besten schaut ihr euch mal einen evangelischen und einen katholischen Gottesdienst an und beobachtet die Menschen in der Kirche.

In der katholischen Kirche wird der Gottesdienst **Messe** genannt. Wenn ein Katholik zur Messe geht, dann taucht er beim Hereinkommen seine Finger in eine kleine Wasserschale mit Weihwasser und bekreuzigt sich. Das Wasserbecken steht gleich neben der Eingangstür. **Weihwasser** ist ganz normales Wasser, über das ein Segen gesprochen wurde. Es ist dann nicht mehr zum Waschen, sondern nur noch für heilige Handlungen bestimmt. Sich **bekreuzigen** heißt, dass man leicht seine Stirn berührt, dann die Brust und dann die linke und danach die rechte Schulter. Macht es einfach mal nach, dann seht ihr, dass die Bewegung eurer Hand dabei das Zeichen eines Kreuzes ergibt. Dieses Kreuzzeichen soll an Jesus Christus erinnern, an seinen Tod am Kreuz und seine Auferstehung. Das Weihwasser, in das ihr euren Mittel- und Zeigefinger gehalten habt, steht für die Taufe. Im Gottesdienst benutzen die Katholiken außerdem **Weihrauch.** Das ist ein für Gott geweihter Rauch, der den Raum reinigen soll. Er entsteht, wenn ein bestimmtes Harz verbrannt wird. Vielleicht kennt ihr den Duft vom Räuchermännchen zur Weihnachtszeit. Die katholischen Christen glauben, dass ihre Gebete zu Gott aufsteigen – so wie der Rauch aufsteigt. Bei den Evangelischen ist das anders: Sie bekreuzigen sich meistens nicht und benutzen weder Weihwasser noch Weihrauch.

Ihr könnt Katholiken und Evangelische auch gut an den Gewändern unterscheiden: Der katholische Pastor trägt oft **farbige Gewänder** mit einem Schal (einer **Stola**), der evangelische Pastor meist einen schwarzen Mantel, den **Talar.** Früher war der schwarze Mantel ein Zeichen für gelehrte Leute. Richter tragen heute noch bei Verhandlungen einen Talar als Zeichen ihrer Bildung und Unabhängigkeit. In beiden christlichen Kirchen ist der Pastor dazu da, den Gottesdienst zu leiten und den Menschen in Notlagen zu helfen. Er hat lange studiert, um viel über Gott und die Religionen zu erfahren. Das lateinische Wort **pastor** heißt auf Deutsch »Hirte«. Wie ein Hirte für seine Schafe sorgen soll, so soll auch der Pastor seine Gemeinde leiten.

Es gibt aber auch große Unterschiede in den Berufen: Der katholische Pastor wird auch **Priester** genannt. Das griechische Wort für Priester bedeutet »Ältester«. Im katholischen Glauben wird er als Vermittler zwischen Gott und den Menschen gesehen. Er ist von einem Bischof geweiht worden, was ihm die Vollmacht von Gott verleihen soll. Als Zeichen dafür trägt er die Stola. Katholische Priester leben im **Zölibat.** Zölibat heißt auf Deutsch Ehelosigkeit. Sie dürfen nicht heiraten und keine Familie gründen, weil sie ihre ganze Kraft für die Botschaft von Jesus Christus und ihre Kirche einsetzen sollen. Bei den Katho-

liken sind die Priester immer Männer. In der evangelischen Kirche gibt es auch Frauen, die Pastorinnen genannt werden. Evangelische Pastoren und Pastorinnen dürfen heiraten und auch Kinder bekommen, weil sie für sich keine besondere Rolle beanspruchen. Sie sehen sich nicht als Vermittler zwischen Gott und Mensch, sondern als ganz normale Christen, die von der Kirche den Auftrag bekommen haben, den Gottesdienst und die Gemeinde zu leiten.

Auch bei der Feier des Abendmahls gibt es einen Unterschied. Wie ihr schon wisst, feierte Jesus mit seinen Jüngern ein Mahl an dem Abend, bevor er hingerichtet wurde. Daran erinnern sich Christen noch heute, wenn sie das Abendmahl empfangen. Dann fühlen sie sich mit Jesus verbunden wie seine Jünger damals. Bei den Evangelischen empfangen die Abendmahlgäste Brot und Wein. Bei den Katholiken trinkt der Priester meist stellvertretend für die Gläubigen den Wein. Gemeinsam haben beide Konfessionen aber folgenden Ablauf: Wenn die Menschen zum Altar gehen und eine Hostie bekommen, also eigentlich ein Stück Brot, dann sagt der Pastor: »Der Leib Christi.« Das bedeutet, dass Jesus selbst in diesem Brot wirklich zu einem kommt, wirklich da ist. Und wenn der Pastor den Kelch in der Hand hält, dann sagt er: »Christi Blut«. Denn nach christlicher Vorstellung verwandelt sich in diesem Moment der Wein wirklich in das Blut Christi.

Einen weiteren Unterschied gibt es noch bei der Verehrung der Heiligen. Im katholischen Glauben wird

Maria besonders verehrt, weil sie die Mutter von Jesus war. Aber auch andere Heilige wie zum Beispiel der **heilige Bischof Nikolaus** sind wichtige Vorbilder für die Art und Weise, wie ein Christ leben soll. Katholiken beten zu Maria und den Heiligen und bitten sie um ihre Hilfe und darum, dass sie bei Gott ein gutes Wort für sie einlegen. Bei evangelischen Christen gibt es die Verehrung von Heiligen nicht, sie beten direkt zu **Gott.** Für sie sind nämlich alle Menschen heilig, die getauft sind. Kein Mensch steht näher zu Gott als ein anderer.

»Katholisch« heißt »allgemein« oder »allumfassend«. Der Anspruch der katholischen Kirche ist, die einzige christliche Kirche auf der Welt zu sein. Deshalb führt sie sich auch auf einen besonderen Jünger Jesu zurück, auf Petrus. Die evangelische Kirche hat diesen Anspruch nicht. Für sie ist die Bibel eine wichtige Spur auf dem Weg zu Gott, deshalb haben sie sich auch evangelisch genannt, denn ihr wisst ja schon: Evangelium kommt von dem griechischen **eu-angelion** und heißt einfach »frohe Botschaft« oder »gute Nachricht«.

In Deutschland gibt es etwa genauso viele evangelische wie katholische Christen. Vielleicht habt ihr in der Familie auch beide Konfessionen. Dann ist es bestimmt spannend, sich einmal darüber zu unterhalten, was die beiden Glaubensrichtungen früher voneinander getrennt hat und was sie heute verbindet.

Verdient der Papst auch Geld?

Ja und nein. Man kann sagen: Der Papst hat sein eigenes Geld, aber ein Gehalt bekommt er nicht. Wie das geht? Der Papst ist ja nicht nur das Oberhaupt der 1,1 Milliarden Katholiken auf der ganzen Welt, das sind immerhin 1 100 Millionen Menschen, sondern auch so etwas wie der König eines eigenen Staates: der Vatikanstadt.

Die Vatikanstadt, in der der Papst lebt, liegt mitten in der Hauptstadt von Italien, in Rom. Sie ist der **kleinste Staat der Welt.** Rund 800 Menschen leben dort und 500 von ihnen sind richtige Bürger des Vatikanstaates – mit Pass und allem, was dazugehört.

Wie jeder andere Staat hat auch der Vatikan mit Geld zu tun. Und zwar mit gar nicht mal wenig, denn es gibt ja auch ziemlich viele Katholiken. Mit wie viel Geld, weiß man nicht genau. (Wahrscheinlich wissen sie es nicht einmal im Vatikan.) Dem Vatikan gehören viele Kirchen, Häuser und Kunstschätze. Das alles zu erhalten, kostet Geld. Aber aus seinen vermieteten Häusern nimmt der Vatikan allein schon jedes Jahr über 20 Millionen Euro ein. Und für die vatikanischen Museen bezahlen die Besucher auch Eintritt.

Finanzminister gibt es im Vatikan gleich mehrere. Es gibt auch eine eigene Bank. Die vielen Menschen, die für ihn arbeiten, muss der Vatikanstaat natürlich bezahlen. Und weil er ein zwar kleiner, aber trotzdem richtiger Staat ist, darf der Vatikan auch eigene Briefmarken drucken und **eigenes Münzgeld** prägen. Die Münzen kann er dann verkaufen, um damit Geld zu verdienen. Denn Vatikan-Euromünzen sind wie die Euros aus den anderen europäischen Mini-Staaten Monaco (das liegt in Frankreich) und San Marino (das liegt in Italien) ziemlich selten. Als kleinster Mini-Staat darf der Vatikan auch nur die geringste Menge an Euro-Münzen prägen – jedes Jahr nur

Münzen im Wert von 670 000 Euro, also nicht einmal eine Million. Münzsammler sind deshalb richtig heiß auf die raren Vatikan-Euros. Stellt euch vor: Ein Satz mit allen Euro-Münzen ist eigentlich nur 3,88 Euro wert. Weil aber so viele die Vatikan-Euros haben wollen, kann sie das Postamt des Vatikans für mehr als 20 Euro verkaufen. Und den Gewinn behält der Papststaat. Solltet ihr also im Supermarkt eine Vatikan-Münze als Wechselgeld kriegen, habt ihr so etwas wie einen Schatz gefunden, weil die Münze viel mehr wert ist als draufsteht.

Auf der Rückseite der Münzen ist normalerweise der Kopf des amtierenden Papstes zu sehen. Nur in der kurzen Zeit, wenn ein Papst gestorben ist und noch kein neuer gewählt wurde, werden Münzen ohne Papstkopf geprägt. Es dauert nämlich immer etwas, bis die Kardinäle, die den neuen Papst wählen, in Rom zur geheimen Wahlversammlung, dem **Konklave,** zusammenkommen. Und diese Münzen ohne Papstkopf sind von den seltenen Vatikan-Euros die allerseltensten.

Die Zeit zwischen zwei Päpsten nennt man **Sedisvakanz,** was so viel heißt wie »leerer Stuhl«, weil der Stuhl des Papstes in dieser Zeit nicht besetzt ist. Seit es den Euro gibt, war das zum ersten Mal beim Wechsel von Papst Johannes Paul II. zu Papst Benedikt XVI. der Fall. In dieser Zeit regiert der »Camerlengo«, der päpstliche Kämmerer, den Vatikan. Dieser Kardinal ist eine Art Finanzminister, der sonst die »Apostolische Kammer«, also das päpstliche Finanzministerium, führt.

Auf den nur 60 000 Münzsätzen zur Sedisvakanz sieht man deshalb das Wappen des Kämmerers. Diese Münzen ohne Papst sind für die Sammler das wertvollste Papstgeld.

Der neue Papst Benedikt XVI. ist seit fast 500 Jahren der erste Papst, der aus Deutschland kommt. Auf den Vatikan-Euros von 2006 ist er erstmals abgebildet und hat damit sein eigenes Geld. Aber Geld bekommt er für seine Arbeit als Papst trotzdem keins. ***Wollte sich der Papst an einem heißen Tag einfach mal ein Eis kaufen, was würde er dann machen?*** Er würde es wohl einem seiner zwei persönlichen Sekretäre oder einer der drei Ordensschwestern sagen, die immer bei ihm sind und die ihn im Alltagsleben unterstützen. Alles, was ein Papst so zum Leben braucht, von neuen Socken bis zum Rasierzeug, besorgt man ihm.

Das heißt aber nicht, dass der Papst kein Geld haben darf. Geld, das er vorher schon auf dem Konto hatte, bevor er Papst wurde, oder anderes Vermögen darf er behalten. In der letzten Zeit haben die Päpste aber schon lange vor ihrem Tod alles, was ihnen gehörte, gespendet oder verschenkt. Als Papst Benedikt noch Kardinal war und Joseph Ratzinger hieß, hat er ein Gehalt bekommen. Kardinäle stehen noch höher als Bischöfe und Erzbischöfe. Sie sind unter anderem für die Wahl des Papstes zuständig und kriegen monatlich zwischen 1 500 und 4000 Euro. Steuern müssen sie keine zahlen. Am meisten

hat der heutige Papst aber verdient, als er noch Erzbischof von München und Freising war. Sein Gehalt hat er damals vom Freistaat Bayern erhalten, weil in Bayern, anders als fast überall auf der Welt, der Staat die Bischöfe der großen Kirchen bezahlt.

Wer in Deutschland katholische **Kirchensteuer** zahlt, zahlt damit auch Geld, das direkt an den Papststaat Vatikan geht: Rund acht Millionen Euro jährlich, 0,2 Prozent der deutschen Kirchensteuer, sind das. Zusätzlich finanzieren Katholiken aus der ganzen Welt den Vatikan mit Spenden und Sammlungen.

Ein tolles Auto braucht sich der Papst von dem Geld aber nicht zu kaufen, auch wenn er früher gerne selbst Auto gefahren ist und als Kardinal noch Besitzer eines ganz normalen Autos war. Als Joseph Ratzinger dann Papst Benedikt XVI. wurde, hat übrigens ein junger Mann dieses Auto gekauft und mit sehr großem Gewinn weiterverkauft. Heute schenken Autofirmen dem Papst ihre Autos. Denn schließlich ist es eine tolle Werbung, wenn der Papst mit ihrem Auto durch die Gegend gefahren wird. Diese Autos sind fast immer Spezialanfertigungen und besonders sicher und geschützt. Papstautos, in denen der Papst stehen und winken kann, heißen **Papamobil,** weil die Italiener den Papst »Papa« nennen. Und ihr wisst jetzt: Der Papst ist ein »Papa« mit viel Geld, mit eigenem Geld und mit gar keinem Geld.

Was ist ein Heiliger?

Was haben die Heilige Schrift, die heiligen Kühe und die Heiligen Drei Könige gemeinsam? Genau, das Adjektiv **heilig.** Vielleicht hört ihr eure Freunde sagen, dass ihnen ihre CD-Sammlung heilig ist. Heilig sind also Dinge, die besonders wertvoll oder wichtig erscheinen. Es gibt auch Menschen, die heilig genannt werden, zum Beispiel der heilige Martin. Sie sind für viele Gläubige Vorbilder für ein gutes Leben.

Das Adjektiv »heilig« kommt seinem Ursprung nach von dem Substantiv **Heil.** Das ist ein sehr altes Wort für Erfolg und Gesundheit. Heutzutage bezeichnet es aber eher religiöse Dinge, die nicht zu unserer rationalen Welt gehören.

Eine Sache ist rational, wenn man sie mit Regeln, Gesetzen, der Wissenschaft und der Vernunft erläutern kann. Einige Dinge auf der Welt kann man aber nicht vollständig erklären. Manchmal fällt es sogar schwer, sie auch nur zu umschreiben. Wenn ihr schon mal versucht habt, jemandem zu erklären, wie es sich anfühlt, verliebt zu sein, dann wisst ihr, wie kompliziert das ist. Dass es Heilige gibt, ist auch nicht rational zu begreifen. Dennoch pilgern tausende zu ihren Gräbern oder glauben an ihren Beistand.

Das Wort »heilig« gibt es in allen großen Religionen. Es können nicht nur Tiere heilig sein, wie zum Beispiel die Kühe in Indien, sondern auch Menschen. Sie heißen Heilige. Diese Personen haben in ihrem Leben sehr gute und wichtige Dinge getan und sind darum Vorbilder für andere Menschen geworden. Einige sind sogar für ihren Glauben gestorben. Man nennt sie dann **Märtyrer,** wie zum Beispiel den heiligen Stephanus, der kurze Zeit nach der Kreuzigung Jesu im Jahr 40 mit Steinen totgeschlagen wurde, weil er die Menschen dazu aufrief, an Jesus Christus zu glauben.

Im katholischen Glauben rufen viele Gläubige die Heiligen im Gebet an, damit diese ihre Hoffnungen und Wünsche an Gott weitergeben. Für Frauen ist Maria, die Mutter von Jesus, besonders wichtig, die als **Mutter Gottes** verehrt wird. Sie hat nicht nur Jesus geboren, sondern auch großes Leid und viel Traurigkeit erfahren: Sie musste schließlich mitansehen, wie ihr geliebter Sohn qualvoll starb. Wie Jesus selbst soll sie nach ihrem Tod in den Himmel aufgefahren sein. Der Feiertag **Mariä Himmelfahrt** erinnert daran.

Die Heiligen leben im Himmel in der Nähe von Gott. Sie können bei ihm ein gutes Wort einlegen. Weil die Heiligen selbst einmal Menschen waren, fühlen sich die Menschen ihnen nahe und von ihnen verstanden. Da sie so vorbildlich gelebt haben, werden sie auch mit Respekt behandelt. Es gibt viele Ikonen und Reliquien, die von den Gläubigen geküsst werden oder vor denen sie sich verbeugen. Ikonen sind Bilder von Heiligen, die von der Kirche geweiht sind. Sie dürfen nur nach bestimmten Vorschriften gemalt werden und sollen beim Gläubigen Ehrfurcht erwecken. Damit man weiß, wer die abgebildete Person ist, haben Ikonen so genannte »Beischriften«. Diese beinhalten den Namen des Heiligen. In der orthodoxen Kirche gibt es sehr berühmte Ikonen von Maria und vom heiligen Nikolaus.

Reliquien sind Dinge, die früher einmal einem Heiligen gehört haben. Es können sogar dessen Körper-

teile sein. Im Mittelalter sammelten die Gläubigen die Reliquien von Heiligen. Sie glaubten, dass diese sie von schlimmen Krankheiten heilen könnten und trauten ihnen Wunder zu. Um an die Leichname der Heiligen zu kommen, wurden deswegen sogar die Überreste der Verstorbenen geraubt. Heutzutage sind die Reliquien eher ein Symbol für den Heiligen selbst, und man glaubt nicht mehr, dass sie Zauberkraft besitzen. Dennoch spielen sie immer noch eine wichtige Rolle. In großen Umzügen, den Prozessionen, werden sie respektvoll durch Städte und Orte getragen. Die Menschen folgen ihnen dabei singend und betend.

Ihr kennt sicher einen der christlichen Heiligen: Am **Martinstag** wird in vielen Städten und Dörfern die Geschichte von Martin von Tours nachgespielt, der als Soldat hoch zu Pferde im kalten Winter unterwegs war. Da traf er einen Bettler, der am Wegesrand saß. Der Bettler war so arm, dass er sich nicht mal etwas Warmes zum Anziehen kaufen konnte. Aus Mitleid mit diesem Mann teilte Martin seinen Mantel mit dem Schwert in zwei Hälften. Die eine gab er dem Bettler, die andere behielt er selbst. Das war im vierten Jahrhundert. Durch diese Tat ist Martin zum Vorbild für das Teilen und Helfen geworden. Die Martinsumzüge und die Martinsgans erinnern bis heute an ihn.

Wie wird man eigentlich ein Heiliger? Nicht jeder Mensch, der etwas Gutes getan hat, kann einfach

Heiliger Martin, Hinterglasmalerei (19. Jahrhundert)

heilig gesprochen werden. In der katholischen Kirche gibt es dafür ein uraltes Verfahren, das **Heiligsprechung** genannt wird. Nur der Papst persönlich darf einen verstorbenen Menschen heilig sprechen. Vorher muss aber ganz genau festgestellt werden, ob der Kandidat den Titel eines Heiligen auch wirklich verdient. Hat er in seinem Leben Wunder vollbracht? Erst nach gründlicher Prüfung nimmt der Papst dann feierlich die Heiligsprechung vor und schreibt den Namen des Menschen in das Verzeichnis der Heiligen ein. Dieses wird auch **Martyrologium** genannt. Schon seit Jahrhunderten werden so alle Namen der Heiligen gesammelt.

Das Leben der Heiligen wird in **Hagiografien,** einer Art Lebensbeschreibung, festgehalten. Genaue Daten und Fakten sind dabei gar nicht so wichtig. Bedeutender sind die Taten und Ideen der Heiligen, die jedem als Vorbild dienen sollen. Außerdem bekommt jeder Heilige einen **Gedenktag.** In der Regel ist das der Todestag, an dem man sich besonders an diesen Menschen erinnern möchte. Der **Stephanustag** ist so ein Tag. Nach dem katholischen Heiligenkalender wird in jedem Jahr am zweiten Weihnachtstag an den heiligen Stephanus gedacht.

Der Heiligenkalender ist ganz praktisch. Früher wurden die Kinder, die an dem entsprechenden Tag geboren oder getauft wurden, nach dem jeweiligen Heiligen benannt. Wie Martin Luther, von dem ihr schon gehört habt. Heute feiert jeder Junge, der den Namen Martin trägt, an diesem Tag seinen **Namenstag.**

Sich zweimal im Jahr feiern zu lassen ist doch eine gute Idee. Einmal zum Geburtstag und einmal zum Namenstag. Schaut doch mal im Kalender nach, ob es einen Heiligen gibt, der euren Namen trägt. Es gibt sicher viele spannende Geschichten über ihn.

Was sind eigentlich Pilger

und wo reisen sie hin?

Wenn ihr einen Menschen seht, der eine besondere Muschel um den Hals trägt, dann wisst ihr: Das ist ein Pilger. Diese Muschel sieht aus wie ein schöner Kamm, deshalb gehört sie auch zu den Kammmuscheln. Aber viel bekannter ist sie unter dem Namen **Pilgermuschel** oder **Jakobsmuschel.** An der Jakobsmuschel könnt ihr die Menschen erkennen, die das Grab des heiligen Jakobus in Spanien besucht haben, im Jahr 2005 waren das mehr als 75 000 Pilger. Das Grab befindet sich in **Santiago de Compostela** – und viele Wege führen dorthin. Der Jakobsweg besteht nämlich aus vielen verschiedenen Pilgerwegen, die in vielen europäischen Ländern beginnen. Einige davon natürlich auch in Deutschland.

Das Wort »Pilger« kommt vom lateinischen Begriff **pelegrinus,** was »Fremder« heißt. Pilger reisen in die Fremde, zu einem Ort, der als heilig gilt und für religiöse Menschen eine ganz besondere Bedeutung hat. Das können Städte, Steine, Bäume oder auch ein Fluss sein. Die Pilger glauben, dass die Reise ihr Leben verändert. Manche hoffen auch, dass sie von einer schweren Krankheit geheilt werden. Für diese Ziele sind sie bereit, große Anstrengungen auf sich zu nehmen. Die meisten begeben sie sich zu Fuß auf die lange und beschwerliche Wanderung.

Ihr habt ja bereits von den drei großen Religionen gehört, die sich auf ihren Urvater Abraham berufen: das Judentum, das Christentum und der Islam. Sie alle verehren **Jerusalem** als Pilgerstadt: Schon vor über 2000 Jahren pilgerten die Menschen in Israel nach Jerusalem, um dort den **heiligen Tempel der Juden** zu sehen. Auch die Christen machen sich auf den Weg in diese Stadt, in der **Jesus Christus** hingerichtet wurde und den Tod überwunden hat. Tausende Menschen kommen jedes Jahr zum Osterfest, um die 14 Stationen nachzugehen, die Jesus auf seinem Weg zum Kreuz passiert haben soll. Der **Felsendom** ist ein Pilgerort für Muslime aus aller Welt, da von hier aus Mohammed seine Reise in den Himmel angetreten haben soll.

Neben Jerusalem gibt es viele weitere Pilgerorte, die auch Wallfahrtsorte genannt werden. Auch in Euro-

pa kann man welche finden: Neben dem **Grab des heiligen Jakobus** in Santiago de Compostela gibt es zum Beispiel das **Grab von Petrus** in **Rom.** Petrus und Jakobus zählten zu den Jüngern von Jesus. Sie werden »Apostel« genannt, das bedeutet »Gesandter«, weil Jesus sie persönlich beauftragt hat, den Menschen nach seinem Tod von ihm zu erzählen. Petrus soll in Rom vom römischen Kaiser Nero im Jahr 64 hingerichtet worden sein. Über seinem Grab wurde eine große Kirche errichtet, der **Petersdom.** Christen aus der ganzen Welt kommen hierher, um die Kirche zu besuchen und mit dem Papst zusammen Gottesdienst zu feiern. Der Papst wird von der katholischen Kirche als Nachfolger von Petrus angesehen. Um Jakobus zu ehren, wurde auch in Santiago de Compostela eine große Kirche gebaut. Auf der Rückseite der spanischen Fünf-Cent-Münze ist sie abgebildet.

Im Islam pilgern die Gläubigen aus aller Welt nach **Mekka** in Saudi-Arabien. Diese Pilgerfahrt heißt übrigens »Hadsch« und der Pilger darf sich am Ende »Hadschi« nennen. Mekka ist nicht nur die Geburtsstadt des Propheten Mohammed, sondern auch der Ort, an dem das bedeutendste Heiligtum des Islam steht: die **Kaaba.** Sie ist elf Meter lang, fünfzehn Meter hoch und ganz mit einem schwarzen Seidenschleier umwickelt. Die Muslime glauben, dass die Kaaba von Abraham für Allah als Haus errichtet wurde. Sie ist für die Muslime sehr wichtig, jeder Muslim sollte einmal in seinem Leben dorthin gepilgert sein. Jedes Jahr kommen

über zwei Millionen Gläubige zu der heiligen Moschee, in deren Mitte sich die Kaaba befindet. Sie darf nur von Muslimen betreten werden. Die Männer tragen alle die gleiche Pilgerkleidung, ein weißes Gewand ohne Nähte. ***Aber was befindet sich in der Kaaba?*** Das Innere ist leer. Hier befanden sich früher Statuen von vielen Göttern. Als Mohammed Mekka besiegt hatte, ließ er alle Götterbilder zerstören, weil es nach seiner Auffassung nur einen einzigen Gott gibt, von dem sich der Mensch auch kein Bild machen darf. In der östlichen Mauer der Kaaba ist ein **schwarzer Stein** eingemauert. Die Muslime glauben, dass dieser ein himmlisches Geschenk an Abraham war, das ihm vom Engel Gabriel übergeben wurde. Der Stein ist möglicherweise wirklich vom Himmel auf die Erde gefallen: Wissenschaftler vermuten, dass der Stein ein Meteorit ist. Jeder Pilger versucht ihn zu berühren, was bei der großen Menge von Menschen gar nicht so einfach ist.

Auch die Buddhisten haben ihre Pilgerorte. Sie pilgern zum **Bodhi-Baum,** der sich in dem Ort Urevela befindet. »Bodhi-Baum« bedeutet übersetzt »Baum der Erleuchtung«. Sie glauben, dass unter diesem Baum Siddharta Gautama nach langer Meditation zum »Erleuchteten«, zum Buddha, wurde. Außerdem besuchen sie seinen Geburtsort Lumbini und den Ort Kusinara, an dem er gestorben ist. Man pilgert auch zu bestimmten Klöstern und Tempeln, die wegen ihres hohen Alters bewundert werden.

Auch ein Fluss kann ein heiliger Ort sein. Hindus aus aller Welt pilgern zum Beispiel zum **Ganges,** dem längsten Fluss Indiens. Er wird »Mutter Ganga« genannt. In der Stadt **Benares,** die dem Gott Shiva geweiht ist, fließen die beiden Flüsse Varuna und Asi in den Ganges. Deshalb wird die Stadt auch Varanasi genannt. Hier gibt es besondere Treppen, die in den Ganges führen. Die Pilger gehen die Stufen hinunter bis in den Fluss. Das Wasser reinigt sie, von außen und innen. Viele möchten an diesem Ort sterben. Ihre Asche wird dann zusammen mit schönen Blumen in den Ganges gestreut.

Pilger reisen selten allein. Auf den Pilgerreisen trifft man viele Menschen, die man sonst nie kennen gelernt hätte. Man unterhält sich über seine Träume, seine Wünsche und Hoffnungen und lernt sich dadurch besser kennen.

Aber gehen sie wirklich den ganzen langen Weg zu Fuß? Heute wird nicht mehr die ganze Strecke zu Fuß gegangen. Es ist möglich, die Pilgerwege auch mit Fahrzeugen zu befahren oder in das entsprechende Land zu fliegen. Das ist besonders wichtig für ältere und kranke Menschen, die zum Beispiel auf einen Rollstuhl angewiesen sind. Dennoch gehen die meisten Pilger zu Fuß. Sie wollen sich damit auch von den Touristen unterscheiden. Auf dem Jakobsweg muss man mindestens 100 Kilometer zu Fuß oder 200 Kilometer mit dem Fahrrad unterwegs gewesen sein, um die Muschel und eine Urkunde zu bekommen.

Die Jakobsmuschel könnt ihr naürlich nicht nur an einer Kette um den Hals von Pilgern entdecken, sondern auch an vielen Orten entlang dem Jakobsweg, vielleicht ja auch bei euch in der Nähe. Achtet doch mal auf die Verzierungen in alten Gasthöfen: Wenn ihr Glück habt und irgendwo eine Jakobsmuschel seht, wisst ihr, dass hier schon vor langer Zeit Pilger eingekehrt sind. Die Jakobsmuschel findet ihr übrigens auch auf dem Wappen des neuen Papstes Benedikt XVI.

Wie viele Götter gibt es in Indien?

Diese Frage hat uns ganz schön ins Schwitzen gebracht, denn in der größten Religion Indiens, dem **Hinduismus,** gibt es unzählige Götter für alle Bereiche des Lebens. Ein Wissenschaftler hat einmal 330 Millionen gezählt. Um all diese Götter aufzuzählen, bräuchten wir wahrscheinlich ein doppelt oder dreifach, vielleicht auch ein vierfach so dickes Buch wie dieses.

Die wichtigsten Götter werden in den **Veden,** den heiligen Schriften des Hinduismus, ganz genau beschrieben. Die bedeutsamste Schrift heißt **Rigveda** und ist 3000 Jahre alt. Damit ihr nicht **Sanskrit** lernen müsst (das ist die Sprache, in der die heiligen Schriften weitergegeben werden), stellen wir euch die beliebtesten Götter einmal vor.

Brahma ist der Herr der Schöpfung, er hat die Welt erschaffen und steht über allen anderen Göttern. Das Wort »Brahman« steht für die Kraft, aus der alles hervorgegangen ist und die in allen Lebewesen wirkt. Auf Bildern und Statuen wird Brahma mit vier Köpfen und vier Armen dargestellt. Sie stehen für die vier Himmelsrichtungen, aber auch für die vier Gruppen von Menschen in der Gesellschaft des Hinduismus, die Kasten genannt werden. Jede Kaste erfüllt eine besondere Aufgabe. Die erste der vier Gruppen nennt sich nach dem Gott Brahma **Brahmanen.** Das sind die Priester oder religiösen Lehrer. Zur zweiten Gruppe gehören die **Kshatriyas,** also die Krieger und die Adeligen, die die anderen Kasten schützen sollen. Die **Vaishyas,** also die Kaufleute, Handwerker und Bauern, bilden die dritte Gruppe und versorgen die anderen Kasten. Und die vierte Gruppe hat die Aufgabe, als **Shudras** den beiden ersten Kasten als Arbeiter und Diener zur Seite zu stehen. Den Gott Brahma

Indische Miniaturen, Brahma und Shiva (18. Jahrhundert)

könnt ihr auch an seinem Reittier – einer Gans – erkennen. Genau wie wir Menschen können die Götter in Indien heiraten: Brahmas Frau heißt **Sarasvati** und ist die Göttin der Gelehrsamkeit und der Wahrheit. Sie liebt Musik und wird darum oft mit einer Vina, einer Art Laute, abgebildet. Wie auch ihr Mann trägt Sarasvati ein Buch in einer ihrer vier Hände.

Der Gott der Ordnung, der die Welt erhält und den Frieden bewahrt, heißt Vishnu. Er bestimmt das Schicksal der Menschen, beschützt die Kastenordnung und die Privilegien des Königs und der Brahmanen. Vishnu hält auf Abbildungen oft eine Meeresschnecke, ein Rad, eine Keule und eine Lotusblume in seinen Händen, die als Symbole für Fruchtbarkeit, göttliche Energie und Lebensatem stehen. Er sitzt entweder auf dem Vogelmenschen Garuda oder auf einer Riesenschlange. Auf ihr ruht er sich aus, während seine Frau **Lakshmi,** die Göttin der Schönheit und des Glücks, ihm die Füße massiert. Wenn die Welt in Gefahr ist, lässt sich Vishnu durch eine Mutter, die er selbst auswählt, gebären und gelangt so auf die Welt, um dort wieder Ordnung zu schaffen. Niemand weiß, wie oft er schon auf die Erde hinabgestiegen ist, aber einige solcher Wiedergeburten sind im Hinduismus besonders berühmt. Vishnu half den Menschen zum Beispiel in der Gestalt eines Fisches, einer Schildkröte, eines Ebers und eines Zwergs. Die beliebteste Wiedergeburt des Gottes Vishnu ist **Krishna,** ein wunderschöner Junge, der die Welt von einem tyrannischen König befreite.

Shiva, der von vielen Hindus als höchster Gott angesehen wird, ist der Gott der Gegensätze. Er ist wild und unberechenbar, wäscht sich nie und hat eine Furcht erregende Mähne. Shivas Körper ist mit Asche bedeckt, und er hat ein drittes Auge auf seiner Stirn, das mit seinem Feuer alles verbrennen kann. In seinen Händen hält er einen Dreizack und meist eine kleine Trommel, auf der er sich selbst beim Tanzen begleitet. Shiva ist aber auch ein liebevoller Ehemann und der Retter der Welt. Auf Abbildungen drücken die Hände des Gottes darum das Gleichgewicht zwischen Leben und Tod, Gut und Böse, Aktivität und Ruhe, Gewalt und Milde aus. Auch Shiva hat eine Partnerin. Deren unterschiedliche Namen spiegeln ihre verschiedenen Eigenschaften wider: Als **Kali** hält sie einerseits Gericht über die Menschen und bringt den Tod, anderseits steht sie auch für Frieden und Ruhe. Als **Parvati** zeugte sie mit Shiva einen Sohn, der als Einziger einen bösen Dämonen mit Namen Taraka besiegen konnte.

Ganesh im Shri Manguesh-Tempel, Goa (Indien)

Dieser Sohn heißt **Ganesh.** Er ist einer der beliebtesten Götter des Hinduismus, da er als der Vertreiber von Hindernissen und als Überbringer von Glück gilt. Weil er ein Symbol für große Weisheit und Intelligenz ist, mögen ihn besonders die hinduistischen Schüler und Studenten. Ganesh hat einen Elefantenkopf, weil ihm sein Vater Shiva im Zorn den Kopf abgeschlagen hatte. Aber ohne Kopf konnte Ganesh nicht leben, darum befahl Shiva seinen Wachen, den Kopf des ersten Tieres, das sie im Wald anträfen, mitzubringen. So kam Ganesh zu seinem Elefantenkopf, der für seinen kleinen Körper viel zu groß ist und nur einen Stoßzahn hat.

Da die Götter im Hinduismus so vielzählig sind, kann sich jeder gläubige Hindu eine oder mehrere Lieblings-Gottheiten auswählen und diese anbeten. Beim Gebet werden Räucherstäbchen angezündet und mit kleinen Glocken wird Musik gemacht. Manche Götter werden fast wie Mitglieder der Familie behandelt: Ihre Statuen werden gewaschen, angezogen und mit Blumen geschmückt. Sogar etwas zu essen wird ihnen gebracht.

Da Indien ein sehr großes Land ist und es hier immer schon sehr viele verschiedene Religionen gab, kann man sagen, dass der Hinduismus viele kleine Religionen in sich vereint. Sie heißen nach den jeweiligen Göttern, die sie verehren, zum Beispiel **Shivaismus** oder **Vishnuismus.** Aber allen gemeinsam ist die Vorstellung, dass das Göttliche uns in den unterschiedlichsten Formen und Wesen begegnen kann. Unser Leben soll ein Weg sein, um es zu entdecken.

Ihr wisst nun, dass es in Indien ganz schön viele Götter gibt. Aber Räucherstäbchen, die gibt es auch bei uns. Fragt doch mal eure Eltern, vielleicht haben sie ja sogar welche zu Hause.

Warum glauben Hindus, dass sie früher einmal Tiere waren?

Habt ihr euch auch schon einmal vorgestellt, wie es wäre, ein Tier zu sein? Als Löwe könnte man durch die weite Prärie laufen und mit seinem Gebrüll die ganze Welt erzittern lassen. Spannend wäre sicher auch ein Leben als Elefant, Katze oder Ameise …

Hindus und Buddhisten glauben daran, dass wir nicht nur ein Leben haben, sondern dass wir immer wieder geboren werden. Da man immer wieder geboren wird und immer wieder stirbt, spricht man von einem Kreislauf der Wiedergeburten, der im Indischen **Samsara** genannt wird.

In welcher Form wir auf die Erde zurückkommen, wird von unserem Karma bestimmt. Das ist ein indisches Wort und heißt »Tun« oder »Tat«. All unsere Taten, aber auch das, was wir nicht tun, ziehen immer ein gutes oder ein schlechtes Karma nach sich. Ihr könnt euch das Karma so ähnlich wie ein Sparbuch vorstellen: Bei jeder Tat, die ein Mensch im Laufe seines Lebens begeht, wird etwas eingezahlt oder abgehoben. Habt ihr etwas Gutes getan, zum Beispiel einem armen Menschen etwas zu essen gegeben, wird etwas auf euer Konto eingezahlt. Habt ihr allerdings im Supermarkt Süßigkeiten geklaut, wird euch etwas abgezogen. Und am Ende des Lebens wird abgerechnet. Befindet sich auf dem Konto sehr viel gutes Karma, könnt ihr als angesehener Mensch oder sogar als Gott wiedergeboren werden. Habt ihr aber auf eurem Konto überwiegend schlechtes Karma angesammelt, werdet ihr im nächsten Leben vielleicht als Tier wiedergeboren.

Hindus und Buddhisten haben deswegen sehr große Achtung vor allen Lebewesen. Auch in einer Pflanze oder einem Tier kann die Seele eines verstorbenen Menschen stecken. Ein Lebewesen zu verletzen oder zu töten, würde daher jede Menge schlechtes Karma einbringen. Und das Tier könnte ja im vorherigen Leben womöglich die eigene Uroma gewesen sein.

Die **Wiedergeburt** ist aber gar nicht so toll, wie man vielleicht meinen könnte. Irgendwann möchte man aus dem ewigen Kreislauf ausbrechen und seine Ruhe haben. Das

geht aber nur, wenn man kein schlechtes Karma mehr auf seinem Konto hat. Und das ist gar nicht so einfach.

Manche Gläubige hoffen, dass ihnen dabei die Götter helfen. Darüber gibt es zwei verschiedene Ansichten: Beim **Katzenweg** ist der Mensch den höheren Mächten relativ hilflos ausgeliefert. So wie ein Katzenjunges, das von seiner Mutter im Maul herumgetragen wird. Der Mensch ist passiv, Gott allein beschützt und rettet, wen er will. Die Menschen, die dem Katzenweg folgen, können also nicht durch Gebete oder Opferungen erlöst werden, sondern allein durch Gottes Willen. Die zweite Möglichkeit ist der **Affenweg:** So, wie sich das Affenbaby fest an seine Mutter klammert, muss auch der Mensch aktiv sein, um gerettet zu werden. Das ist auch der Grund dafür, dass viele Hindus sehr oft zu den Göttern beten. Sie zünden Räucherstäbchen an und opfern Blumen und Speisen. Wer viel betet und opfert, macht die Götter aufmerksam auf sich und wird so vielleicht schneller vom ewigen Kreislauf der Wiedergeburt erlöst.

Um die ständigen Wiedergeburten beenden zu können, ziehen sich einige Gläubige in die Einsamkeit zurück und widmen sich intensiv den religiösen Schriften und Übungen. Andere wandern heimatlos als Bettelmönche umher. Dann leben sie von dem, was ihnen ihre Mitmenschen geben. Die Mönche des Hinduismus werden **Sadhus** genannt. Sie legen Gelübde ab und versprechen in **Askese** zu leben, also in Armut und ohne weltliche Dinge. Das

Die sechs Stufen der Wiedergeburt, Wandmalerei im Kloster Hemis in Ladakh (erbaut 1602 – 1606)

bedeutet auch, dass sie zum Beispiel nicht fernsehen oder am Computer spielen dürfen. Viele dieser Sadhus schließen sich einem **Guru** an. Das ist ein Lehrer, der ihnen die verschiedenen Techniken der Askese erklärt. Er bringt ihnen auch bei, wie man meditiert. Bestimmt habt ihr schon einmal das Wort »Yoga« gehört. Diese geistigen und körperlichen Übungen sollen dem Gläubigen helfen, die Erleuchtung zu finden und erlöst zu werden. Die Erlösung ist das Ziel aller Hindus und Buddhisten. Dann nämlich kann man aus dem Kreislauf der Wiedergeburten endlich entkommen und das Nirvana erreichen, wie der Austritt aus dem Kreislauf durch die Erleuchtung auch genannt wird. Man braucht dann nicht mehr als Löwe oder Ameise wiedergeboren zu werden. Der Mensch hat den Ausweg gefunden.

Warum gibt es in Indien heilige Kühe?

Wenn ihr selbst ein Haustier habt, dann wisst ihr, wie wichtig Tiere für uns Menschen sind. Sie können unsere Begleiter und Freunde sein. Als Nutztiere auf einem Bauernhof liefern sie uns andererseits aber auch Nahrung und Kleidung.

In **Indien** ist die Kuh ein ganz besonderes Tier: Sie wird verehrt und gilt als heilig. Auf gar keinen Fall darf einer Kuh in Indien etwas zustoßen. Selbst die Autos auf den Straßen müssen den Kühen ausweichen. ***Warum ist das so?*** Nun, die ganze Sache fing bereits vor langer Zeit an – etwa vor 3500 Jahren. Damals kam ein Hirtenvolk nach Indien, das Kühe mitbrachte. Für dieses Volk war die Kuh sehr wichtig, denn sie versorgte die Menschen nicht nur mit Fleisch und Milch, sondern auch mit wertvollem Dünger – den Kuhfladen. Besaß eine Familie eine Kuh, so konnte sie überleben. Auch heute noch spielt die Kuh eine große Rolle im Leben der Inder. Insgesamt spendet sie dem Menschen fünf Dinge, die sein Überleben sichern. Im Hinduismus werden sie die fünf heiligen Gaben genannt.

Die erste Gabe ist das **Ghee** oder **Butterschmalz,** das aus der Milch der Kuh gemacht wird. Das Ghee wird zum Kochen verwendet und hat eine wichtige religiöse Bedeutung bei Festen. Es dient nämlich auch als Lampenöl in den Tempeln. Die zweite Gabe ist der **Mist.** Getrocknet ist er für viele Menschen in den Dörfern und Städten das wichtigste Brennmaterial. Man nutzt ihn auch als Bindemittel zwischen Stroh und Lehm, wie Kleber, um Häuser zu bauen und sich vor Insekten zu schützen. Darüber hinaus ist der Mist ein wirksamer Dünger für die Felder. Der **Urin der Kuh** ist die dritte Gabe. Seine heilende Wirkung hilft gut gegen Zahnweh und Karies. Das hört sich jetzt etwas eklig an, aber früher wurden auch bei uns die Wunden mit Urin behandelt, damit sie sich nicht entzündeten. Oft wird er auch mit Wasser vermischt und zur Reinigung von Haus und Hof verwendet. Der Urin hat auch eine heilige Bedeutung und spielt bei religiösen Bräuchen eine große Rolle. Wenn sich ein Mensch zum Hinduismus bekehrt, dann wird er mit dem Urin von Kühen bespritzt. Die kostbare **Milch der Kuh** ist die vierte Gabe. Das berühmteste Getränk der Inder ist Chai, ein heißes Gemisch aus Tee und Milch. Aus Milch lässt sich aber auch Jogurt herstellen. Diese fünfte Gabe wird **Lasshi** genannt und schmeckt sehr gut.

Wegen ihrer großen Bedeutung im täglichen Leben sprechen die **Gurus,** also die religiösen Lehrer der Hindus, der Kuh ihre Verehrung aus. Manchmal wird sie auch als Göttin verehrt. Das Töten von Kühen ist ein besonders schweres Vergehen, weil damit auch die fünf heiligen Gaben vernichtet werden.

Niemals wird eine Kuh geschlachtet, um ihr Fleisch zu essen. Im Gegenteil: Alte und kranke Tiere werden an besonderen Orten versorgt.

In ganz Indien gehören die Kühe zum Alltagsleben der Menschen. Auch wenn sie mitten auf der Straße stehen, haben sie im Verkehr immer Vorrang.

Könnt ihr euch ein Frühstück ohne Jogurt, Milch oder Butter vorstellen? Nein? Sicher wisst ihr auch, woraus eure Lieblingsschokolade gemacht wird. Wenn ihr das bedenkt, werden für euch Kühe vielleicht auch heilig!

Haben alle Buddhas dicke Bäuche?

Diese Frage ist leicht zu beantworten: Die Buddhas, die ihr bei uns in den Geschäften kaufen könnt, sind kleine Glücksbuddhas. Diese Dickbauch-Buddhas werden in China **Budai** oder »lachende Buddhas« genannt und gehen auf einen fröhlichen Mönch zurück, der gern aß und trank und sich seines Lebens freute. Mit dem Begründer des Buddhismus haben diese dicken Buddhas allerdings nichts zu tun. **Buddha** selbst wird immer schlank dargestellt. Er sitzt mit aufrechtem Rücken und übereinander geschlagenen Beinen und konzentriert sich auf seinen Atem. Diese Haltung wird auch **Lotussitz** genannt. Damit ihr besser verstehen könnt, warum ein dicker Bauch gar nicht unbedingt zu Buddha passt, erzählen wir euch, wie aus einem verwöhnten Jungen ein weiser Mann wurde, der vor allem ein Ziel hatte: das menschliche Leid zu überwinden.

Die Statuen des Buddha, die mit geschlossenen Augen und im Schneidersitz in den buddhistischen Tempeln auf der ganzen Welt zu sehen sind, gehen auf Siddharta Gautama zurück, der später Buddha wurde.

Buddhafigur, Kamakura (Japan)

Das Wort »Buddha« ist kein Name, sondern ein Titel für einen Menschen, der eine wichtige Erfahrung in seinem Leben gemacht hat. Das Wort heißt übersetzt **der Erwachte** und **der Erleuchtete.** So wie ihr morgens aus dem Schlaf erwacht, ist ein Buddha aus seinem Leben aufgewacht.

Das kam so: Siddharta wurde vor mehr als 2 500 Jahren im heutigen Nepal geboren. Er selbst war **Hindu** und wuchs in einer sehr reichen Familie auf, die in einem großen Palast lebte. Um seinen Sohn von traurigen Erfahrungen und armen Menschen fern zu halten, hatte sein Vater angeordnet, dass Siddharta den Palast nicht verlassen durfte. Obwohl ihm alle Wünsche von den Lippen abgelesen wurden, hatte er das Gefühl, in einem goldenen Käfig zu leben. Es war wie in einem Märchenland, in dem es keine Krankheiten gab und die Kinder nicht erfahren sollten, dass jeder Mensch einmal sterben muss.

Fast 30 Jahre lang lebte Siddharta in dieser schönen Welt ohne Sorgen. Doch dann entdeckte er bei seinen Ausflügen mit Pferd und Wagen, dass die Welt außerhalb der Palastmauern eine ganz andere war: Er begegnete einem alten Mann, der völlig abgemagert war, sah einen Kranken, der sehr starke Schmerzen hatte, und ein anderes Mal nahm er zufällig an einer Beerdigungsfeier teil und sah das erste Mal in seinem Leben einen Leichnam. Siddharta wollte herausfinden, woher das **Dukkha,** also all das Leid kommt und warum Alter, Krankheit und das Sterben zum Leben dazugehören.

Da traf Siddharta eines Tages auf einen hinduistischen **Mönch.** Der lebte nur von dem, was ihm seine Mitmenschen gaben. Er war arm und hatte kein festes Zuhause. Trotzdem war der Mönch zu jedem freundlich. Und weil er nichts besitzen wollte, beneidete er andere auch nicht.

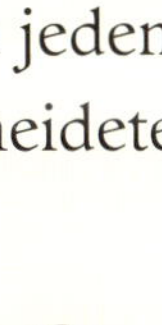

Diese Begegnung hat Siddharta so sehr beeindruckt, dass er beschloss sein Leben zu ändern. Er verließ den Palast und seine Familie und führte das einfache Leben eines wandernden Mönchs. Dazu gehörte auch, den Körper so zu trainieren, dass er nur noch ganz wenig Essen und Trinken brauchte. Dieses Training wird Askese genannt. Dabei soll man auf so viele Dinge wie möglich verzichten und viel über das Leben nachdenken, also meditieren. Siddharta lernte, wie wenig der Mensch wirklich zum Leben benötigt, und konnte auf immer mehr verzichten. Doch irgendwann hatte Siddharta es mit der Askese übertrieben. Als er ganz schwach geworden und bis auf die Knochen abgemagert war, erkannte er schließlich, dass das auch nicht der richtige Weg sein konnte.

Stellt euch das Leben einmal wie eine Gitarrensaite vor: Spannt ihr die Saite zu fest, reißt sie, lasst ihr zu locker, klingt sie nicht. Von nun an suchte Siddharta einen Weg, die Saite so zu spannen, dass sie richtig gut klingen konnte. Oft saß er unter einem **Feigenbaum** am Fluss. In einer Vollmondnacht im Frühling passierte dort etwas: Beim **Meditieren** war Siddhartas Kopf vollkommen frei von allen Gedanken und Gefühlen geworden, und plötzlich wurde ihm klar, wie die Menschen vom Leid befreit werden konnten. In diesem Moment wurde Siddharta zum Buddha, zum Erwachten und Erleuchteten. Und Siddhartas Lieblingsbaum bekam den Namen **Bodhi-Baum,** denn das Wort »Bodhi« bedeutet »erwachen« und »erleuchten«.

Es waren vier Antworten, die Siddharta in dieser Nacht auf seine Fragen fand:

1. Glück kann vergehen und das Leben besteht aus Leiden.
2. Die Menschen leiden vor allem darunter, dass sie neidisch sind, andere Menschen hassen und immer mehr besitzen wollen.
3. Das Leiden hört auf, wenn die Menschen anderen und sich selbst nicht schaden und Gier, Hass und Neid aufgeben.
4. Es gibt einen Weg, der den Menschen zeigt, wie sie ihre Sorgen um ihr Leben loslassen können: Das ist der **achtfache Pfad.** Hier lernt man in acht Schritten, ganz auf Gewalt zu verzichten, nicht zu töten und nicht zu stehlen, nicht schlecht über andere zu reden und auf die Gesundheit des Körpers zu achten.

Buddhisten sind also Menschen, die nach einer einfachen Regel leben: Wenn ihr selbst erkannt habt, dass bestimmte Dinge ungesund, falsch oder schlecht sind, dann gebt sie auf. Und wenn ihr sicher wisst, dass bestimmte Dinge gesund und gut sind, dann nehmt sie an und folgt ihnen. Und ob dick oder dünn: Wer erlöst ist, darf auch lachen.

Wer war Mohammed?

Zu einem Muslim sollte man niemals »Mohammedaner« sagen. Denn die **Muslime** oder **Moslems** glauben nicht an Mohammed, sondern an **Allah,** das ist der arabische Name für Gott. Mohammed ist aber auch eine sehr wichtige Person im Islam. Er war ein Kaufmann, der ein wunderbares Erlebnis hatte: Gott sprach persönlich zu ihm durch einen Engel. Deshalb wird Mohammed sehr verehrt und viele Kinder werden nach ihm benannt.

Im Jahr 570 wurde **Mohammed,** das heißt auf Arabisch »der Gepriesene«, in der Stadt **Mekka** im heutigen Saudi-Arabien geboren. Seine Eltern **Abdallah** und **Amina** starben, als er noch ein Kind war. Da die Menschen damals in Großfamilien mit mehreren Generationen lebten, war es selbstverständlich, dass sich sein Onkel Abu Talib um ihn kümmerte. Mit zwölf Jahren begann Mohammed bei ihm eine Kaufmannslehre. Als Kaufmann war er sehr erfolgreich. Weil er aber nicht, wie viele andere, durch Rücksichtslosigkeit und Egoismus Erfolg hatte, sondern seinen Mitmenschen aufgrund seiner Tüchtigkeit und Ehrlichkeit auffiel, bekam er den Beinamen **al Amin,** was so viel wie »der Vertrauenswürdige« bedeutet. Auch bei der reichen Geschäftsfrau **Chadidscha** hinterließ der tüchtige Kaufmann einen tiefen Eindruck. Sie stellte ihn bei sich an, trug ihm auf, ihre Waren nach Syrien zu bringen, und verliebte sich schließlich in ihn. Als Mohammed 25 Jahre alt war, heirateten die beiden. An Chadidscha muss man immer wieder erinnern: Sie war eine Händlerin, 15 Jahre älter als Mohammed und eine sehr gebildete Frau.

Mit Chadidscha soll Mohammed sehr glücklich gewesen sein, doch das, was er um sich herum beobachtete, machte ihn unzufrieden und unruhig. Da waren zum Beispiel Händler, die ihre Kunden betrogen. Besonders störte ihn, dass die Menschen an viele Götter glaubten. Denn er war der festen Überzeugung, dass es nur **einen einzigen Gott** geben kann. Immer öfter zog er sich aus der Stadt in die ruhigen, einsamen Hügel der Umgebung zurück. Als Mohammed, inzwischen 40 Jahre alt, wieder einmal dem Großstadtlärm in Mekka entflohen war, erlebte er etwas, das nicht nur sein Leben völlig auf den Kopf stellte, sondern die Welt bis heute verändert hat. Es wird

erzählt, dass er sich am Berg **Hira** in eine Höhle zurückgezogen hatte, als ihn eine mächtige Stimme aus dem Schlaf riss. Die Stimme gehörte dem **Engel Gabriel,** von dem ihr ja schon gehört habt. Er erschien ihm als riesiges strahlendes Licht und forderte ihn auf, seine Worte nachzusprechen. Aber Gabriel war nur der Bote. Die Muslime glauben, dass Gott selbst durch den Engel zu Mohammed gesprochen hat. Es ist etwas ganz Besonderes, wenn Gott zu einem spricht. Und es gibt nicht viele Menschen, von denen berichtet wird, dass sie so etwas erlebt haben. Diese Menschen werden Propheten genannt. Den Begriff kennt ihr vielleicht aus der Bibel. Dort wird erzählt, dass Gott zu **Mose** und **Abraham** sprach – deshalb werden die beiden auch Propheten genannt, also Menschen, die Gottes Worte hören und sie anderen Menschen weitererzählen.

Auch Mohammed kannte diese Geschichten aus der Bibel. Jetzt wurde er selbst zu einem Propheten. Die ersten Worte, die der Engel Mohammed diktierte, stehen im 96. Kapitel des Koran: »Sprich nach im Namen deines Herrn, der geschaffen hat, geschaffen hat den Menschen aus einem Embryo. Sprich nach! Denn dein Herr ist der edelmütigste, der durch die Schreibfeder gelehrt hat, den Menschen, was er nicht wusste.«

Ihr könnt euch sicher vorstellen, dass Mohammed dachte, er hätte geträumt, oder schlimmer noch, er sei verrückt geworden. Aber diese nächtlichen Begebenheiten, die Offenbarungen genannt werden, wiederholten sich noch mehrere Male, insgesamt 22 Jahre lang, von 610 bis 632. Alles, was Gott Mohammed gesagt haben soll, könnt ihr heute Satz für Satz im Koran lesen. Da Mohammed nicht lesen und schreiben konnte, haben seine Freunde es aufgeschrieben.

Natürlich kamen die **Worte Allahs,** die Mohammed von nun an auch öffentlich wiederholte, bei den Reichen und Mächtigen in Mekka nicht besonders gut an. Denn Mohammed forderte sie auf, ihre Kunden nicht mehr zu betrügen und den Armen von ihrem Reichtum abzugeben. Die mächtigen Familien hatten Angst, etwas von ihren saftigen Gewinnen einzubüßen. Deshalb machten sie Mohammed und seinen Anhängern das Leben schwer und verfolgten sie. Er musste schließlich aus Mekka wegziehen.

In der Nachbarstadt Medina kam Mohammeds Botschaft besser an. Die Einwohner der Stadt suchten wegen eines heftigen Streits unter verschiedenen Stämmen einen Schiedsrichter und baten Mohammed, diese Aufgabe zu übernehmen. So zog er mit seinen Anhängern nach **Medina.** Das war im Jahr 622. Von Medina aus begann sich der Islam als Religion auszubreiten. Weil die Übersiedlung Mohammeds nach Medina – in der arabischen Sprache wird sie **Hidschra** genannt – so wichtig für den Beginn des Islam war, wurde dieses Jahr zum Jahr 1 des muslimischen Kalenders erklärt. Ihr könnt ja mal ausrechnen, in welchem Jahr wir jetzt nach dem Islam leben.

Aber die Auseinandersetzungen mit den Mekkanern, den Einwohnern Mekkas, waren noch nicht zu Ende. In den Folgejahren gab es einige Schlachten und Kämpfe. Erst 630 gelang es Mohammed, sich durchzusetzen und nach Mekka zurückzukehren. Weil er seine ehemaligen Gegner nicht unbarmherzig verfolgte, sondern sehr fair behandelte, wurde er schließlich von allen Gruppen als religiöser Führer anerkannt.

Zwei Jahre später, am 8. Juni 632, starb Mohammed. Der Islam breitete sich von nun an auf der ganzen Erde aus und ist heute die zweitgrößte Religion der Welt. Mohammeds Geburtsstadt **Mekka** wurde zur heiligen Stadt des Islam. Noch heute reisen jedes Jahr unzählige Moslems dorthin, um den Spuren Mohammeds zu folgen.

Man erzählt von Mohammed einige Geschichten, die uns vielleicht etwas märchenhaft vorkommen. So wird berichtet, dass er in einer einzigen Nacht von Mekka nach Jerusalem geritten sein soll. Wenn ihr die beiden Städte einmal auf der Karte sucht, werdet ihr schnell feststellen, dass das unmöglich zu schaffen ist. Da es damals noch keine Düsenflugzeuge gab, soll Mohammed auf einem besonders schnellen Reittier geritten sein, das den Namen **Buraq** trägt. Das Tier hat große Flügel wie ein Adler, sieht aber aus wie eine Mischung aus einem Esel und einem Maultier. Es ist schneller als der Wind und ganz schön wild. Ohne den Engel Gabriel hätte Mohammed es gar nicht geschafft, auf den Buraq aufzusteigen. In Jerusalem traf Mohammed Abraham, Mose und Isa. Isa ist der arabische Name für **Jesus,** der von den Muslimen auch als Prophet verehrt wird. Mohammed betete mit ihnen und ritt noch in der gleichen Nacht nach Mekka zurück. Als Mohammed am nächsten Morgen von seinen Erlebnissen erzählte, glaubten ihm seine Zuhörer natürlich kein Wort, bis auf seinen Onkel. Er kannte Jerusalem und wusste, dass Mohammed die Wahrheit gesprochen hatte. Er musste also wirklich Gottes Gesandter sein.

Auch von einer **Himmelsreise** Mohammeds wird berichtet. Als er mit einer Leiter in den Himmel aufstieg, traf er auf Adam, Abraham und Mose, die ihr vielleicht auch aus der Bibel kennt. Mohammed stieg immer höher und begegnete schließlich **Allah** selbst. Dieser trug ihm auf, dass sein Volk von nun an 50-mal am Tag beten sollte. Auf dem Rückweg kam Mohammed wieder an Mose vorbei. Als er ihm von den 50 täglichen Gebeten erzählte, äußerte Mose Bedenken, ob das Volk dies schaffen könnte. Er schlug vor, Mohammed solle doch noch einmal nach oben steigen und Gott bitten, die Last etwas zu erleichtern. Und Gott erließ wirklich einige Gebete, aber es waren immer noch zu viele. Nachdem Mohammed mehrere Male wieder hinaufgestiegen war und Gott immer wieder ein paar Gebete erlassen hatte, waren schließlich noch fünf übrig. Mohammed konnte nun einmal gut verhandeln, auch in religiösen Dingen. Diese **fünf Gebete** sprechen die Muslime bis heute jeden Tag: bevor die Sonne aufgeht, wenn die Sonne mittags am höchsten

steht, am Nachmittag, wenn die Sonne untergegangen ist und in der Nacht.

Der Prophet Mohammed soll im Monat April geboren sein. Sein Geburtstag wird in muslimischen Familien auch heute noch mit einem kleinen Fest gefeiert. Das Datum fällt nach dem islamischen Kalender auf den 12. Rabi'al-Awwal. Der Kalender ist elf Tage kürzer als unser Kalender, weil er sich nach dem Mond richtet. Nach unserem Kalender fällt Mohammeds Geburtstag deshalb jedes Jahr auf einen anderen Tag. Fragt doch mal einen Muslim oder eine Muslima, wann Mohammed denn in diesem Jahr Geburtstag hat. Sicher kann sie oder er euch noch viel mehr über sein Leben erzählen.

Was steht im Koran?

Etwas auswendig zu lernen, ist ganz schön anstrengend, das wisst ihr sicher aus eigener Erfahrung. Wenn es aber einmal im Kopf ist, dann wird es auch so schnell nicht wieder vergessen. Es gibt Kinder, die können sogar ein ganzes Buch auswendig aufsagen – und das noch in einer anderen Sprache.

Wer den Koran auswendig kann, der wird **Hafiz** genannt. Das ist ein Ehrenname. Der Koran ist das heilige Buch des Islam. Im Gegensatz zur Bibel, die aus verschiedenen Büchern besteht, ist der Koran ein einziges Buch. Es enthält 114 **Suren,** das sind die einzelnen Kapitel. Das Wort »Koran« kommt aus dem Arabischen und bedeutet so viel wie lesen oder rezitieren, also auswendig vortragen. In der Koranschule lernen muslimische Mädchen und Jungen die wichtigsten Stellen aus dem Koran auswendig. Das ist ganz schön schwierig, weil das heilige Buch in arabischer Sprache verfasst ist und eigentlich nicht übersetzt werden darf.

Im Koran stehen Gottes Worte, die Allah selbst gesagt haben soll. Immer wieder übermittelte Allah seinem **Propheten Mohammed** durch den Engel Gabriel neue Verse. Es dauerte 22 Jahre, bis das Buch fertig war. Der älteste Vers ist etwa im Jahr 610 verfasst worden und der jüngste im Jahr 632. Mohammeds Anhänger schrieben Wort für Wort alles auf, dabei kamen die verschiedensten Materialien zum Einsatz, wie etwa Pergament oder Blätter von Pflanzen. Es wurde sogar auf Knochen von toten Tieren geschrieben. Erst nachdem Mohammed gestorben war, ließ einer seiner Nachfolger, der Kalif **Uthman,** den Koran als gebundenes Buch herausbringen. Von da an wurden von diesem Buch viele Abschriften gemacht, die in viele verschiedene Städte versandt wurden. So hat sich das heilige Buch des Islam verbreitet.

Wie Mohammed selbst die Worte Allahs verstanden hat, steht nicht im Koran. Seine eigenen Aussagen findet man in den so genannten **Hadithen,** den Erzählungen aus Mohammeds Leben.

Ob die Worte, die Mohammed alle gesprochen haben soll, wirklich von ihm stammen, ist aber umstritten. Nach seinem Tod gab es große Diskussionen darüber, wer sein Nachfolger werden sollte. Durch diese Auseinandersetzungen können manche Aussagen verändert worden sein. Damit man sich ein eigenes Urteil bilden kann, wird deshalb immer berichtet, wer welche Aussagen von Mohammed überliefert hat.

Erste Sure des Koran, arabische Buchmalerei, 1389

Die Suren sind im Koran der Länge nach geordnet. Mit einer Ausnahme: Die erste Sure ist gar nicht die längste, aber so wichtig, dass sie an den Anfang gestellt wurde. Jede Sure hat einen Namen. Der Name der ersten Sure lautet **Al-Fatiha,** das heißt »die Eröffnende«. Die Muslime sagen sie bei ihren täglichen Gebeten auf. Wie die Kapitel in der Bibel sind auch die einzelnen Suren in Verse unterteilt. Eine Sure beginnt mit dem **Bismillah,** den arabischen Worten: »Bismillah ar-Rachman ar-Rachim.« Übersetzt heißt das: »im Namen Gottes, des Erbarmers, des Barmherzigen«. Alles, was ein Muslim tut, beginnt er im Namen Gottes. Dabei spricht er das Bismillah.

Im Koran erfährt man viel über Allah, über die Schöpfung der Welt und der Menschen und über Naturerscheinungen. Gabriel diktierte Mohammed, dass es nur

einen einzigen Gott gibt und dass man seine Anweisungen während des Lebens befolgen soll. Nach dem Tod wird über den Menschen gerichtet. Die guten Menschen werden mit dem Paradies belohnt, die bösen Menschen kommen in die Hölle.

Außerdem findet sich im Koran wie in der Bibel das Gebot, dass man sich kein Bild von Gott machen darf und keine anderen Götter anbeten soll. Und auch die Geschichte von Abraham kennen Juden und Christen genauso wie Muslime. Er wird auf Arabisch **Ibrahim** genannt und ist einer der wichtigsten Propheten. Abrahams Söhne sind übrigens die Urväter dieser drei Religionen: Der eine hieß **Isaak,** von ihm stammen die Juden und durch Jesus auch die Christen ab. Der andere hieß **Ismael** und er ist der Urvater der Muslime. Jesus wird im Koran als letzter Prophet vor Mohammed anerkannt und **Isa** genannt. Aber er wird nicht als Gottes Sohn verehrt. Auch glauben die Muslime, dass die hebräische Bibel und die Geschichten von Jesus durch Einfügungen verfälscht wurden. Nur im Koran steht wirklich Gottes Wort.

Dort stehen auch Regeln, die für das Zusammenleben der Menschen gedacht sind: Man soll nicht töten, nicht stehlen und die Wahrheit sagen. Es gibt auch Vorschriften darüber, was man essen darf und was nicht und wie man sich in der Öffentlichkeit zu verhalten hat. Der Koran erklärt den Menschen, was Recht und Unrecht ist. Diese Stellen werden aber unterschiedlich ausgelegt. Auf der Grundlage des Koran ist deshalb die Scharia entstanden. Das Wort Scharia heißt »der zu befolgende Weg«. Doch die Scharia ist heute in vielen muslimischen Ländern umstritten, weil sie auf sehr strenge Art den Koran auslegt und den Frauen nicht die gleichen Rechte zugesteht wie den Männern.

Über die Jahrhunderte hinweg hat sich der Islam in der ganzen Welt ausgebreitet, zum Beispiel in Arabien, Nord- und Mittelafrika und in der Türkei. Das Land mit den meisten Muslimen ist Indonesien. In diesen Ländern hat der Koran auch eine wichtige Bedeutung für das Zusammenleben der Menschen in der Gesellschaft. Und weil der Koran so ein besonderes Buch ist, wird er in vielen muslimischen Häusern an einen besonderen Platz gestellt: Er steht an höchster Stelle eines Bücherregals, sodass kein anderes Buch höher gelegen ist. Oder er bekommt einen eigenen Platz, wo nur er stehen darf.

Wenn ihr einmal einen Koran aufgeschlagen habt, erinnert ihr euch vielleicht an die arabischen Schriftzeichen. Sicher sind sie euch sehr kompliziert und unverständlich vorgekommen. Dabei ist Arabisch eine sehr schöne Sprache. Ihr braucht noch nicht einmal ein Hafiz zu sein, um ein paar Worte verstehen zu können. Denn viele Wörter, die wir verwenden, kommen aus dem Arabischen: Zucker und Ziffer, Sofa und Schach, Reis und Orange, Mumie und Limonade, Kaffee und Karawane, Jacke und Gitarre, und … und … und …

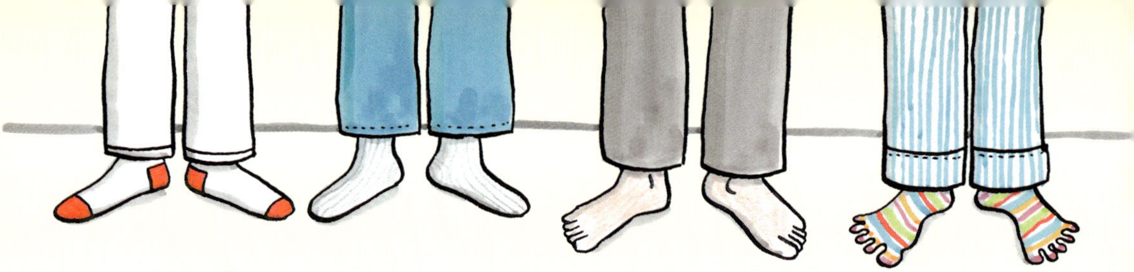

Warum muss man vor einer Moschee die Schuhe ausziehen?

Ihr kennt das sicher: In manchen Häusern muss man sich die Schuhe ausziehen, damit die Wohnung nicht dreckig wird. Wenn ihr von der Straße in den Flur reinkommt, dann heißt es vielleicht erstmal »Stopp!«. Ihr stellt die Schuhe auf eine Matte oder in ein kleines Schuhregal, damit ihr sie später wieder findet. Vor einer Moschee stehen auch solche Schuhregale. Die soll nämlich auch nicht schmutzig werden.

Die **Moschee** ist der Versammlungs- und Gebetsraum der Muslime, also der Angehörigen des Islam. Das Wort Moschee kommt vom arabischen **Masdschi** und heißt »Ort der Niederwerfung«. Die Muslime kommen hier zusammen, um zu beten und sich über die neuesten Ereignisse auszutauschen.

Eine Moschee erkennt man schon von weitem. Sie hat nämlich an ihrer Seite einen kleinen Turm, der »Minarett« genannt wird, manchmal auch mehrere. Von hier aus werden die Muslime zum Gebet gerufen. Bei einer Kirche gibt es das auch, da sind es die Glocken, die kurz vor dem Gottesdienst geläutet werden. In der Moschee funktioniert das aber ein bisschen anders: Hier ruft ein Mensch vom **Minarett** aus die Gläubigen zum Gebet. Er wird **Muezzin** genannt. Hat die Moschee kein Minarett, dann ruft der Muezzin einfach vom obersten Punkt des Hauses aus, in dem sich die Moschee befindet, ob es ein Dach ist oder ein Fenster. Manchmal braucht der Muezzin sogar ein Mikrofon und manchmal singt er gar nicht selbst, sondern es wird ein Band oder eine CD abgespielt, denn in den ganz großen Städten – wie in Jerusalem oder Mekka – reicht der Klang der Stimme nicht weit genug über die Stadt.

Wie ihr euch vorstellen könnt, gibt es im Orient viel Staub und Sand. Damit das nicht in die Moschee getragen wird, besitzt jede Moschee ein eigenes Badezimmer. Bei ganz alten Moscheen ist das meist noch ein Brunnen mit ganz vielen Wasserhähnen. Bei den modernen Moscheen sind es schon richtige Waschanlagen. Hier waschen sich die Muslime vor dem Gebet. Sie

Sultan-Ahmet-Moschee, Istanbul (Türkei)

waschen die Hände, Arme und Füße, den Mund, die Nase, das Gesicht und sogar die Ohren. Natürlich dürfen auch die Haare nicht fehlen. Da manch einer dann einen Föhn brauchen würde, werden sie nur symbolisch gewaschen: Man streicht mit einer befeuchteten Hand kurz über sie. Diese **Waschungen** haben auch eine religiöse Bedeutung: Im Islam ist die Körperhygiene ein wichtiger Teil des Glaubens.

Wer zu Gott betet, soll auch blitzsauber sein.

Erst wenn man mit den Waschungen fertig ist, darf der **Gebetsraum** betreten werden. Aber jetzt heißt es wieder einmal »Stopp!«, denn man betritt ihn mit dem rechten Fuß zuerst und ohne Schuhe. Frauen und Männer beten getrennt voneinander. In einigen Moscheen gibt es sogar extra Gebetsräume für Frauen. Damit will man vermeiden, dass Männer durch die Gegenwart der Frauen vom Gebet abgelenkt werden.

An den Wänden der Räume hängen keine Bilder wie in Kirchen. Im Islam sind Bilder von Gott wie auch im Judentum verboten. Und weil man beim Gebet an nichts anderes denken soll als an Allah, gibt es auch keine anderen Bilder und Figuren im Gebetsraum. Trotzdem hat eine Moschee keine kahlen weißen Wände. Oft sind gerade die alten Moscheen reich verziert: Da gibt es alte arabische Schriftzeichen, Worte aus dem heiligen Buch der Muslime, dem Koran, die in künstlerischer Form dargestellt werden, und ganz oft auch geometrische Mosaike: Viele kleine, bunte Steine werden hier zu großen Mustern zusammengesetzt. Der Boden des Gebetsraumes einer Moschee ist mit Teppichen ausgelegt.

Im Gebetsraum gibt es aber auch noch andere Sachen zu entdecken: Auf der rechten Seite befindet sich die Gebetsnische. Sie zeigt in Richtung Mekka und wird **Mihrab** genannt. Mekka ist der Ort, an dem Mohammed gelebt hat, der Begründer des Islam, und dort steht auch die Kaaba. Die kennt ihr schon aus der Pilgerfrage. Mekka ist also eine heilige Stadt für die Muslime. An der rechten Seite der Mihrab befindet sich eine Kanzel, die **Minbar** genannt wird. Hier predigt der **Imam,** der Vorbeter, der das Gebet leitet, und zwar immer am Freitagmittag und zu bestimmten Feiertagen.

Und warum muss man nun die Schuhe vor einer Moschee ausziehen? Dafür gibt es sogar zwei Gründe. Der erste Grund ist: Im Koran und auch im zweiten Buch Mose in der Bibel steht ein Vers, der die Menschen auffordert, sich die Schuhe auszuziehen, wenn sie Gott begegnen. Er heißt: »Ich bin Gott. Zieh deine Sandalen aus.« Gott erscheint Mose hier in einem brennenden Busch. Bevor Mose näher treten darf, muss er sich die Schuhe ausziehen, weil er auf heiligem Boden steht. Ein Gespräch mit Gott ist eben etwas Besonderes. Der zweite Grund ist ein ganz praktischer: Muslime beten nicht wie Christen oder Juden im Stehen. Muslime knien und berühren mit ihrer Stirn immer wieder den Boden beim Gebet. Mit dieser Haltung drücken die Betenden aus, dass Gott unendlich viel größer und mächtiger ist als sie selbst. Im Deutschen gibt es das Wort Demut dafür. Wenn die Muslime sich zum Beten niederknien, möchten sie nicht unbedingt einen schmutzigen Boden berühren. Deswegen soll man auch die Schuhe ausziehen. Denn sonst würde sich bei so vielen Menschen der Dreck von der Straße auf den Teppichen in der Moschee verteilen.

Überall auf der Welt werden in Moscheen die Schuhe ausgezogen, aber es ist unterschiedlich, wo sie ausgezogen werden. Das kann erst kurz vor dem Gebetsraum passieren oder bereits beim Betreten des Hauses. Also ist es dort vielleicht ein bisschen so wie bei euch zu Hause: Die dreckigen Schuhe müssen draußen bleiben!

Warum tragen manche Mädchen ein Kopftuch?

Ein Kopftuch kann aus vielfältigen Gründen getragen werden: Es bietet Schutz vor Kälte, Wind und Nässe oder kann auch einfach nur hübsch aussehen. Manchmal hat eine Kopfbedeckung aber auch eine religiöse Bedeutung, zum Beispiel bei den Frauen und Mädchen, die dem Islam angehören. Sie tragen ein Kopftuch ab dem 13. Lebensjahr. Das Tuch wird über Schultern, Brust und Kopf getragen. Was aber nicht bedeutet, dass sich die Frauen und Mädchen langweilig anziehen müssen. Die Tücher sind oft farbenfroh und passen zur Kleidung. Denn wie ihr auch tragen **Muslimas** ansonsten ganz normale Kleidung, zum Beispiel Jeans und T-Shirt.

In der **Bibel** und im **Koran** ist festgehalten, wie sich Menschen am besten zu verhalten haben. Dazu gehört, was sie in der Öffentlichkeit anziehen sollen. Das betrifft auch die Männer: Ein Muslim soll zum Beispiel einfach und sauber gekleidet sein. Männer dürfen keine Kleidung aus Seide und keinen Schmuck tragen. Frauen hingegen können Schmuck anlegen und müssen zusätzlich ihren Oberkörper und ihre Haare verdecken. Sie gebrauchen dazu das Kopftuch.

In muslimischen Ländern mit sehr strengen Vorschriften tragen Frauen oft auch noch einen ganz langen schwarzen Mantel, der **Tschador** genannt wird. Das Wort kommt aus dem Persischen und bedeutet »Zelt«. Wenn die Frauen den Tschador tragen, kann man manchmal nur noch ihre Augen sehen, weil alles andere unter dem weiten Mantel verborgen ist. Er wird einfach über die normale Kleidung gezogen. Dieser Mantel wird immer getragen, wenn die Frau das Haus verlässt oder fremden Menschen begegnet. Oft sind es nur die Familienangehörigen, die die Frau ohne ihren Tschador kennen.

Viele Muslime begründen das Tragen eines Kopftuches mit Versen aus dem **Koran** – auch wenn das Kopftuch hier nicht extra genannt wird, sondern nur der Schleier. Im Koran steht, dass die Frauen über ihrem Kleiderausschnitt einen **Schleier** tragen sollen, um ihn zu bedecken. Dort steht auch, wem sich die Frauen ohne diesen Schleier zeigen dürfen: den Angehörigen der Familie und dem Ehemann. Nur innerhalb der Familie tragen die Mädchen und Frauen also keinen Schleier und kein **Kopftuch.**

An einer anderen Stelle des Koran kann man nachlesen, warum Frauen sich so kleiden sollen: Das Kopftuch oder der Tschador sollen die Frauen vor den neugierigen Blicken der Männer schützen. Die Muslime möchten, dass sich Männer und Frauen gegenseitig mit Respekt behandeln und dass sie an einem anderen Menschen nicht nur seinen schönen Körper schätzen.

Das Tragen eines Kopftuchs geht aber nicht nur auf den Koran zurück. Viele Dinge, die Menschen tun, ergeben sich aus Traditionen. So trugen die Frauen schon zu Mohammeds Zeiten eine Kopfbedeckung und haben das dann von Generation zu Generation weitergegeben.

Muslimas sind dabei nicht die Einzigen, die aus religiösen Gründen eine Kopfbedeckung tragen. Auch in christlichen Religionen werden von Frauen Kopftücher getragen: zum Beispiel in der orthodoxen Kirche in Rumänien oder in Russland. Und gläubige Juden tragen eine Kippa oder einen Hut. Natürlich gibt es auch viele Gründe, ein Kopftuch zu tragen, die nichts mit der Religion zu tun haben – zum Beispiel um bei der Arbeit die Haare zusammenzuhalten und sich gegen Staub zu schützen. Wer besondere Medikamente einnimmt, dem können die Haare ausfallen. Auch dann dient das Kopftuch dazu, sich vor den Blicken anderer Menschen zu schützen.

Manche, die auch an Allah glauben und ihr Leben nach dem Koran richten, sind der Meinung, dass sich die Menschen und ihr Handeln im Laufe der Zeit verändert haben und es nicht unbedingt erforderlich ist, sich in der Öffentlichkeit zu verhüllen. Deswegen tragen auch nicht alle Muslimas ein Kopftuch. Sie sehen darin eine Benachteiligung der muslimischen Frau, weil sie sich nicht so zeigen kann wie die Männer oder andere Frauen.

Muslimische Mädchen haben es bei uns nicht immer einfach mit dem Kopftuch. In der Schule werden manchmal Witze über sie gemacht. Die Mitschüler wollen nicht verstehen, warum sie das Kopftuch nicht einfach ablegen können. Und ihre Familien erwarten von ihnen, dass sie das Kopftuch tragen, weil es ein Zeichen für den Islam ist. Ladet doch mal eine Muslima zu euch ein und lasst sie erzählen, welche Bedeutung das Kopftuch für sie hat. Dann versteht ihr, warum das Kopftuch mehr für sie bedeutet als nur ein Schutz vor Wind oder Kälte.

Woran glauben die Chinesen?

In chinesischen Restaurants sind an den Wänden oft Holzverzierungen mit fremdartigen Schriftzeichen und schönen Landschaften zu sehen. Diese Symbole sehen aber nicht nur hübsch aus, sie haben auch eine religiöse Bedeutung. Um sie verstehen zu können, müssen wir einen Blick auf die mehrere tausend Jahre alten chinesischen Religionen werfen.

In China glaubt man, dass alles aus zwei gegensätzlichen Kräften besteht: aus Yin und Yang. Das berühmte Yin-Yang-Zeichen habt ihr bestimmt schon einmal gesehen. Es ist ein Kreis, der aus einer schwarzen und einer weißen Hälfte besteht, die ineinander übergehen.

Die helle Seite ist **Yin.** Sie stellt das Licht, das Leben und die Bewegung dar. Die dunkle Seite ist **Yang,** das Dunkle, Leblose und die Ruhe. Wichtig ist, dass das eine ohne das andere nicht existieren kann. Beide Teile sind im Gleichgewicht, genau wie sich auch die Natur im Gleichgewicht befindet. Die wunderschönen Landschaftsmalereien sollen genau diese Harmonie wiedergeben.

Früher dachten viele Chinesen, dass ihr Leben von Geistern beeinflusst wird. Vor allen wichtigen Entscheidungen wurden sie befragt. Und auch heute spielen die Geister der verstorbenen Familienangehörigen im Leben der Chinesen noch eine bedeutende Rolle. Sie glauben, dass sich die Seelen der Toten an drei Orten aufhalten können: im Himmel, im Grab und in einer Tafel, auf der die Namen der Verstorbenen stehen, der Ahnentafel. Zu Festen und Geburtstagsfeiern werden Räucherstäbchen verbrannt und Speisen geopfert. Paare, die frisch verheiratet sind, verbeugen sich vor den Ahnentafeln der Familien.

Die Reise in den Himmel ist für die Seelen der Verstorbenen allerdings gar nicht so einfach. Die zurückbleibenden Familienmitglieder helfen ihnen, ihren Weg zu finden. Sie klagen laut, um böse Geister abzuwehren, und singen Gebete oder bringen Opfer dar. Früher wurden Tiere und sogar Menschen geopfert. Später wurden Tonfiguren ins Grab gelegt und noch heute werden Papierautos, Papierdiener oder Papiergeld verbrannt, um die Verstorbenen mit allem, was wichtig sein könnte, auszustatten.

Die Religion der Chinesen ist vor allem durch zwei Männer geprägt worden, die den Ehrentitel »Meister« **(Tse)** tragen. Kung Fu Tse und Lao Tse: **Kung Fu Tse** (übersetzt: »Meister aus dem Geschlecht Kung«), der bei uns auch Konfuzius genannt wird, wurde im Jahr 551 in der heutigen Provinz Schantung geboren. Er ist der Begründer des Konfuzianismus. Meister Kung hielt sehr viel von Ordnung und glaubte, dass jeder bei seiner Geburt einen bestimmten Platz zugewiesen bekommt und jedes Alter besondere Aufgaben erfüllen muss. Kein Mensch lebt ja für sich allein, immer leben wir in Beziehungen zu anderen Menschen. Leider gibt es dabei oft Streit. Deshalb suchte Meister Kung nach Regeln, die uns beim Zusammenleben helfen können. Eine Regel lautet: Was du selbst nicht wünschst, tu auch keinem anderen Menschen. Das klingt fast so wie die goldene Regel, von der ihr in den Zehn Geboten schon gehört habt. Damit Menschen harmonisch miteinander leben können, muss man sich schon anstrengen, meinte Konfuzius. Er lehrte, dass wir uns einander mit Respekt und Güte begegnen sollen. So ist es zum Beispiel die Aufgabe der Kinder, sich um ihre Eltern zu kümmern, wenn sie alt geworden sind, ihnen Gutes zu tun und der Familie nicht zu schaden.

Konfuzius, japanischer Holzschnitt

Die **Achtung,** die einem anderen Menschen entgegengebracht wird, ist für Meister Kung die wichtigste Voraussetzung für ein gutes Zusammenleben. Im Konfuzianismus bringt man auch den Verstorbenen, ja sogar den noch nicht geborenen Mitgliedern einer Familie, Achtung entgegen. Seine Schüler entwickelten aus diesen Gedanken die **Lehre von der Menschlichkeit,** sie wird auf Chinesisch Jen genannt. Jeder Mensch soll ein Vorbild für andere sein und seine eigenen Gefühle unter Kontrolle haben. Ein Herrscher zum Beispiel darf auch nicht einen Bauern ins Gefängnis stecken oder töten lassen, nur weil er sein Land oder sein Haus haben möchte. Denn wer mehr Macht hat, besitzt auch mehr Verantwortung.

Der andere Meister heißt **Lao Tse,** was so viel bedeutet wie »der alte Meister«. Er soll um das Jahr 600 vor Christus geboren sein, er ist also ein wenig älter als Konfuzius. Genau wissen wir das nicht, weil niemand seinen richtigen Namen kennt und er sich gern vor anderen Menschen verborgen hielt. Er ist der Begründer des Taoismus. **Tao** heißt eigentlich »der Weg«. Man könnte es aber auch mit »Vernunft« oder »Gesetz der Welt« übersetzen. Es ist eine unsichtbare Macht, die uns umgibt und alles beeinflusst. Deshalb ist es wichtig, sich durch das eigene Handeln dieser Ordnung nicht entgegenzustellen. Jedes Ding und jedes Wesen folgt seinem eigenen Weg. Der Mensch erreicht die Harmonie mit dem Tao, indem er sich dem Lauf der Dinge anpasst. Von Meister Lao ist dafür das Wort **Wu-wei** überliefert, das

Lao Tse, auf einem Wasserbüffel reitend, China (18. Jahrhundert)

bedeutet: »Versuche möglichst wenig in das Wirken des Tao einzugreifen.« Dazu gehört auch, seinen Zorn und seine Wünsche zu beherrschen. Wer nicht streitet, mit dem kann auch keiner streiten. Wer keine großen Wünsche hat, der braucht auch nicht viel Geld. Wer verzichtet, gewinnt! Meister Lao liebte das einfache Leben und die Natur. Gern saß er still an einem Bach oder im Wald und schaute sich die Blumen, Pflanzen und Bäume an. So kam er zur Ruhe und konnte das Tao spüren.

Wenn ihr also wieder einmal mit euren Eltern in einem chinesischen Restaurant sitzt und der Kellner euch nach dem Essen einen Glückskeks schenkt, dann denkt daran, Konfuzius sagt: »Ist der Keks im Mund ein Graus, nimm zuvor den Zettel raus!«

Unser herzlicher Dank gilt allen, die uns bei der Beantwortung der Fragen unterstützt haben:

Dr. Tilman Beyrich
Michael Birgden
Mirjam Böhm
Prof. Christfried Böttrich
Anne-Kathrin Bastobbe
Erdmute Finning
Anja Frank
Christian Gehrke
Astrid Haack
Andreas Lechner
Wenke Liedtke
Anita Ljubic
Alina Meyer
Hans-Jörg und Michaela Rosenstock
Margareta und Ruben Rosenstock
Dr. Andreas Ruwe
Michael Schubert
Markus Springer
Hilla Stadtbäumer
Hauke und Leo Wattenberg
Prof. Thomas Willi
Manja Wisotzky

Bildnachweis:

AKG, Berlin: 29, 90, 123, 141, 150, 152, 157, 175, 179, 189, 191; *epd-bild, Frankfurt:* 43 (Bertold Fernkorn), 65 (version), 180 (Norbert Neetz); *Gettyimages, München:* 59 (Image Bank/ Walter Bibikow), 71 (Photographer's Choice/Marvin E. Newman), 160 (Altrendo Images); *Illuscope, Waidhofen/Thaya/Österreich:* 82; *Laif, Köln:* 148 (Eisermann); *Mauritius-Bildagentur, Mittenwald:* 162 (Steve Vidler); *Waldhäusl, Rosenau/Österreich:* 77 (Allover/TPH); *Silvestris (Natura 2000), Diessen:* 106 (Dr. Bahnmüller)